Wilma Ellersiek
Wer schleicht heran mit leiser Tatz?

Wilma Ellersiek

Wer schleicht heran mit leiser Tatz?

Handgesten- und Bewegungsspiele mit Tiermotiven

Herausgegeben von Ingrid Weidenfeld

Verlag Freies Geistesleben

ISBN 978-3-7725-2666-4

Neuausgabe 2021
(2., durchgesehene und erweiterte Auflage)

Verlag Freies Geistesleben
Landhausstraße 82, 70190 Stuttgart
www.geistesleben.com

Einband- und Innenfotos: Charlotte Fischer
Zeichnungen: Friederike Lögters
Noten: Ingrid Weidenfeld
Druck: Himmer GmbH, Augsburg
Printed in Germany

Inhalt

Liebe Leserin, lieber Leser! 7
Vorwort *von Marianne Achstetter-Fachet* 8
Einführung *von Ingrid Weidenfeld* 9
Rhythmisch-musikalische Betrachtungen zu den Tierspielen *11*
Die Nachahmung *13*
Die Quintenstimmung *15*

Der Regenwurm 19
Krabbe – krabbe – krabbe 22
Die Schnecke 24
Husch … husch! 26
Das Mäuselein tanzt Ringelreihn (Handgestenspiel) 30
Das Mäuselein tanzt Ringelreihn (Raumbewegungsspiel) 34
Die Katz 38
Flatter – Flatter 41
Das Vögelein (Handgestenspiel) 45
Das Vögelein (Raumbewegungsspiel) 53
Hoppel-hopp! (Handgestenspiel) 58
Hoppel-hopp! (Raumbewegungsspiel) 60
Hasenspiel: Mucksmäuschenstill! 64
Das Fischlein 72
Das Igelspiel 74
Tappel-tappel – wau-wau-wau! 78
Das Hündchen Schlau 81
Das Bienchen 86
Der kleine Bär 90
Das Pferdchen 95
Das Eselein 99
Quakulein und Brummelbein 108
In der Früh' – Aufwachen! 112

Wilma Ellersiek, ein Leben für den Rhythmus 117

Spielformen 119
Literatur 119
Adressen 119

Die Herausgeberin 120

Ganze Weltalter von Liebe
werden notwendig sein,
um den Tieren ihre
Dienste und Verdienste
an uns zu vergelten.

Christian Morgenstern

Liebe Leserin, lieber Leser!

Sie halten ein Arbeitsbuch in Händen, in dem Sie die Texte und Melodien der rhythmisch-musikalischen Sprech-, Sing- und Bewegungsspiele von Wilma Ellersiek finden, und zwar in diesem Band diejenigen, die einen Bezug zur Welt der Tiere haben. Für jedes Spiel wird zugleich versucht, die zugehörigen Bewegungen gut nachvollziehbar zu beschreiben.

Wer selbst einmal probiert hat, einen Bewegungsablauf in Worten einzufangen, wird bemerkt haben, wie schwer es ist, etwas, was nicht stillsteht, kurz, aber klar und eindeutig und für Außenstehende unmittelbar begreiflich zu beschreiben – selbst wenn es sich um ganz banale alltägliche Bewegungen handeln sollte.

Vorausschickend möchte ich sagen, dass ich mich redlich bemühe, die Bewegungserklärungen einerseits präzise, andererseits so knapp wie möglich zu halten. Um die Lesbarkeit dabei nicht zusätzlich zu erschweren, habe ich mich auf die weibliche Form der Anrede beschränkt. Selbstverständlich habe ich alle Menschen, ob weiblich, männlich oder divers, im Bewusstsein und möchte Sie, liebe Leserin, lieber Leser, um Verständnis bitten, wenn Sie in den Anleitungen immer nur «die Erzieherin» lesen.

Zeitgleich zu diesem im Jahr 2021 komplett überarbeiteten Buch erscheint auch eine gleichnamige DVD, die ebenfalls im Buchhandel erhältlich ist (ISBN 978-3-7725-3166-8). Darauf sind alle in diesem Buch enthaltenen Handgestenspiele als Lernvideo gespeichert – ebenso gibt es je eine DVD zu den Spielen der Bände *Die tanzende, spielende Hand* (Buch: ISBN 978-3-7725-2665-7; DVD: ISBN 978-3-7725-3165-1) sowie *Handgestenspiele, Reigen und Lieder. Frühjahr/Sommer* (Buch: ISBN 978-3-7725-2663-3; DVD: ISBN 978-3-7725-3163-7).

Ganz gleich, ob die Spiele bestmöglich beschrieben oder gefilmt sind, die wirkungsvollste und nachhaltigste Art, sie zu erlernen, ist die lebendige Weitergabe von Mensch zu Mensch. Der Verein «insel, Institut für die Spiele von Wilma Ellersiek e.V.» bietet deshalb ein vielfältiges Kurs- und Ausbildungsprogramm an. Über die Homepage www.handgestenspiele.de finden Sie zahlreiche Informationen, zum Beispiel auch, wie Sie für Ihre Einrichtung selbst einen Kurs organisieren können.

Nun wünsche ich Ihnen viel Freude an und mit den Tiere-Spielen von Wilma Ellersiek!

Ihre Ingrid Weidenfeld

Vorwort

Unser erstes Kind war etwa vier Jahre alt, als ich von der Möglichkeit erfuhr, an einer Einheit für Vorschulrhythmik teilzunehmen, die für Eltern mit Vorschulkindern an der Hochschule für Musik angeboten wurde.
Zuerst konnte ich mir unter «Rhythmik» gar nicht viel vorstellen, aber, offen für neue Impulse, war ich neugierig geworden. Nach ersten inhaltlichen Informationen entschied ich mich zu einer Teilnahme. Natürlich dachte ich daran, dass es vor allem unserem Sohn guttun sollte, denn er war ein sehr stilles und zurückgezogenes Kind. Meine Hoffnung war, dass er über die rhythmisch-musikalischen Spiele einen Zugang zur Welt finden, sich ansprechen lassen, seine Eindrücke verarbeiten und zum Ausdruck kommen lassen würde.
Bereits nach der ersten gemeinsamen Stunde waren wir begeistert, und wir freuten uns sehr auf die kommende Zeit. Staunend und voller Ehrfurcht vollzogen wir die Begegnung mit der Natur in Liedern und Handgestenspielen nach. Dies war kein Vorgang, der nur äußerlich ablief, sondern alle waren mit allen Sinnen bei der Sache, und bei unserem Sohn erlebte ich eine ganz neue Offenheit. Er identifizierte sich intensiv mit dem Dargebotenen, erlebte es mit allen Sinnen, und es war spürbar, wie leicht es sein kann, zur eigenen Mitte zu finden.
In den rhythmisch-musikalischen Spielen wechselten Ruhe und Bewegung ab. Reigen, Lieder und Handgestenspiele, alles veranlasste zum Mittun, zum Dabeisein, zum Erleben und Sich-berühren-Lassen, innere Bilder wurden aufgebaut, Welt erlebt und gedeutet. In diesen Stunden erlebte ich mein Kind ganz intensiv, ganz nah, und noch heute denke ich voller Ehrfurcht und Dankbarkeit an dieses so wertvolle Beschenktsein zurück.
Inzwischen haben wir vier Kinder, und jedes durfte einmal mit mir allein und dann nochmals zusammen mit einem Geschwisterkind diesen Kurs besuchen. Allen gemeinsam war die Erfahrung, dass jedes unserer Kinder sich auf die Stunden gefreut hat, ja manchmal konnten sie gar nicht genug davon bekommen, und zu Hause wurden dann manche Lieder immer wieder aufgegriffen, gesungen und nachgespielt. Noch heute, zwölf Jahre nach der ersten Begegnung mit den rhythmischen Spielen, ist einiges präsent und lebt immer mal wieder auf.
Die Kinder ließen sich ganz schnell auf den Ablauf der Stunde ein. Bereits mit dem Anfangslied kamen die zappligen Glieder zur Ruhe, wir alle tauchten in die Sinnesübungen ein, schlüpften in die Rolle eines Kutschers, der sein Böckchen einspannt, zogen schwer atmend den Berg hinauf, um dann, oben angekommen, erst einmal zu verschnaufen. Hurtig ging es dann den Berg hinunter. An den leuchtenden Kinderaugen konnte man die Freude über das Tun ablesen. Wir ließen die Heinzelmännchen «Schnick und Schnack» aus dem Sack schauen, bauten einen Schneemann, nachdem wir es ordentlich hatten schneien lassen. Die imaginären Schneeballschlachten brachten uns zum Schwitzen, und der Tanz der Schneeflocke, die auf die Erde schwebte, ließ uns in ruhigen Bewegungen diesen Vorgang nachvollziehen. Kein Kind wäre auf die Idee gekommen, da nicht staunend dabei zu sein. Immer wieder schwebte die Flocke ganz sachte zur Erde. Wir halfen dem «Wicht im Tann», bauten Häuschen, sägten, zimmerten, hämmerten, und wir hörten das zarte Piepsen des Vögelchens. Nie wurde es langweilig, diese rhythmisch-musikalischen Spiele immer

wieder neu zu erleben, anders hinzuhören und mich beschenken zu lassen.
Inzwischen haben wir keine Vorschulkinder mehr, aber ein Tierspiel lebt heute noch, Jahre nach dem letzten Kurs, in unserer Familie weiter: Es ist das Böckchen, das noch immer durch die Wohnung zieht. Unsere jüngste Tochter spielt mit ihrem sechs Jahre älteren Bruder, der das (Ziegen-)Böckchen ist, ganz unterschiedliche Varianten. Das Böckchen muss sich auf die Anweisungen des Kutschers einlassen, darf Lasten ziehen, wird gelobt und getadelt und wird mit Streicheleinheiten belohnt, die mit lautem Geblöke dankbar entgegengenommen werden. Immer wieder tauchen neue Varianten auf.
Auch bei mir selber fühlte ich durch diese Stunden meine Wahrnehmung sensibilisiert, ich wurde achtsamer, lauschte anders in die Natur und nehme jetzt die Veränderungen durch die Jahreszeiten stärker wahr. Einige Elemente sind auch in meine Arbeit als Lehrerin in einer Grundschule mit eingeflossen, besonders der Beginn der Stunde, der ritualisiert abläuft, die Kinder sammelt und offen macht für das Kommende, der es ihnen ermöglicht, in der eigenen Mitte zu ruhen und daraus Kraft zu schöpfen.
Ich kann jeden nur ermuntern, sich auf die ausgewogene Fülle der Spiele und Lieder einzulassen, sich dem Wechsel von Ruhe und Bewegung hinzugeben, der sich ganz natürlich aus den Gegebenheiten der Natur und den Gewohnheiten der Tiere in den jeweiligen Lebensbereichen ergibt.
Lassen auch Sie sich durch diese rhythmischen Spiele beschenken. Mein Leben jedenfalls wurde reicher durch sie.

Marianne Achstetter-Fachet

Einführung

«Am Anfang schuf Gott Himmel und Erde. Und die Erde war wüst und leer, und Finsternis lag auf der Tiefe; und der Geist Gottes schwebte über dem Wasser. (…) Und Gott sprach: Es wimmle das Wasser von lebendigem Getier, und Vögel sollen fliegen auf Erden unter der Feste des Himmels. Und Gott schuf große Seeungeheuer und alles Getier, das da lebt und webt, davon das Wasser wimmelt, ein jedes nach seiner Art, und alle gefiederten Vögel, einen jeden nach seiner Art. Und Gott sah, dass es gut war. (…) Und Gott sprach: Die Erde bringe hervor lebendiges Getier, ein jedes nach seiner Art: Vieh, Gewürm und Tiere des Feldes, ein jedes nach seiner Art. Und es geschah so. Und Gott machte die Tiere des Feldes, ein jedes nach seiner Art, und das Vieh nach seiner Art und alles Gewürm des Erdbodens nach seiner Art. Und Gott sah, dass es gut war.»

(Erstes Buch Mose Kapitel 1,2, 20-22, 24, 25)

Die Erde ist belebt von Pflanzen, Tieren und dem Menschen. In fast allen Elementen leben Tiere. Einige Arten leben ganz unter der Erde, viele Tiere leben auf ihr, eine große Artenvielfalt belebt das Wasser, und die Luft ist erfüllt von Vögeln und Insekten. Die Tiere sind beseelte Mitgeschöpfe. Eine Reihe von Tieren hat der Mensch gezähmt und in seinen Dienst gestellt. Die meisten Tiere aber leben, vom modernen Menschen kaum bemerkt, in unserer Umgebung, und doch hat jedes Tier im Zusammenspiel der natürlichen Abläufe seine Aufgabe und seine Daseinsberechtigung.
Für Kinder sind Tiere Freunde. Mit großem Vertrauen nähern sich die meisten Kinder selbst großen Tieren an und verspüren das Bedürfnis, Kontakt mit diesen Wesen aufzunehmen. Eine erste Kontaktaufnahme geschieht oft über die Berührung: Da erfühlt die Kinderhand, ob es sich um ein warmes, reich behaartes Tier handelt, ob es ein kaltes, glitschiges Tier ist oder vielleicht

eines mit spitzen Stacheln. Eine andere Form der kindlichen Kontaktaufnahme zu Tieren ist das stille, staunende Beobachten. Zunächst ohne eine Regung von Sympathie oder Antipathie zum betrachteten Objekt, nimmt das Kind das Wesenhafte des Tieres in sich auf. Gefühle des Ekels gegenüber Spinnen, Würmern, Schnecken kennt es nicht, im Gegenteil, der Hinwendung, der Neugier und dem Forscherdrang des Kindes opfert manches Tier sein Leben.

Kinder zwischen zwei und sechs Jahren verwandeln sich im Spiel mit Vorliebe in Tiergestalten. Je nach Situation sind sie ein mächtiges, kraftstrotzendes Tier, dann wieder ein weiches, anschmiegsames Häschen oder Kätzchen. Um einen starken Bewegungsdrang auszuleben, eignet sich die Verwandlung zum Pferd, zum Affen oder zum Frosch. Diese Verwandlung vollziehen Kinder absolut. Sie tun nicht wie ein Löwe oder wie ein Esel, sondern sie *sind* der Löwe oder der Esel. Dank der starken Fantasiekräfte der Kinder sehen sie sich ganz perfekt in ihrer angenommenen Tiergestalt, und sie reagieren empört, wenn Erwachsene den «Löwen» oder den «Esel» nicht sehen.

Das Hineinschlüpfen in eine Tierrolle ermöglicht den Kindern, Eigenschaften und Charaktere anzunehmen, die sie selbst gerne hätten. Gerade in mächtige Tiere wie Löwen, Tiger, Bären verwandeln sie sich gerne, weil sie in der Rolle nicht mehr klein sind, sondern viel stärker als jeder Erwachsene.

Kinder, die heute in Städten aufwachsen, lernen nur wenige Tiere in ihrer natürlichen Umgebung kennen. Häufiger als in der Natur sehen sie heute Tierbilder in Büchern und Tierfilmen, oder sie haben Stoff- und Plastiktiere zum Spielen. Nicht selten sind jedoch die Spielzeuge in Tiergestalt derart verzerrt, dass selbst Erwachsene nicht mehr erkennen können, ob das Objekt ein Hund oder ein Hase ist. Auch in sogenannten Kinderfilmen treten immer wieder groteske Gestalten auf, die eine Mischung aus Tier und Mensch darstellen. Sind diese Gestalten vermenschlichte Tiere, oder sind es zum Tier degenerierte Menschen?

Sicher ist nur, dass derartige Vorbilder der kindlichen Seele schaden, denn kleine Kinder können nicht unterscheiden zwischen dem Echten und der Karikatur. Für das Vorschulkind ist zunächst alles echt, auch Verzerrtes fasst es als Wahrheit auf.

Selbstverständlich gibt es auch Bilder und Filme, die Tiere realistisch wiedergeben, und doch, auch hier bleibt die Wahrnehmung des Tieres auf Film und Bild nur ein schwacher, zweidimensionaler Ersatz für das wirkliche Erleben lebendiger Tiere in ihrer natürlichen Umgebung. Bei Spielzeugtieren, Tierbildern und so weiter kommt es nicht auf die naturgetreue Nachbildung der äußeren Gestalt an, sondern darauf, dass etwas Wesenhaftes des jeweiligen Tieres in der Nachbildung phänomenologisch stimmig zum Ausdruck kommt.

Außer Tierbild und Spielzeugtier gibt es aber noch eine ganz andere Möglichkeit, den Kindern etwas «Lebendiges» von der Wesenheit bestimmter Tiere zu vermitteln: das Handgestenspiel. Wenn sich der Erwachsene bemüht, mit seinen Gesten und Bewegungen dem jeweils Typischen eines Tieres so nahe wie möglich zu kommen, erlebt das Kind das Tier als lebendig und wahrhaftig. Wie schon oben erwähnt, sind die Fantasiekräfte in den ersten fünf bis sechs Lebensjahren so intensiv ausgeprägt, dass vor dem inneren Auge des Kindes die von wahrhafter Intention geführte Handgeste des Erwachsenen zum «echten» Tier wird. Nun kann ein einmal geübtes und gekonntes Handgestenspiel beliebig oft wiederholt werden. Das kommt dem kindlichen Bedürfnis sehr entgegen, denn für Kinder

ist «einmal keinmal». Das Wiederholen von Handgestenspielen regt sie zum Mitvollziehen der Gebärden an. Schließlich erleben und erfahren Kinder über das Nachahmen etwas Charakteristisches des im Spiel dargestellten Tieres.
Auf eine Besonderheit bei den Ellersiek-Spielen ist noch hinzuweisen: Die Tiere werden in den Spielen in ihrem natürlichen Verhalten gezeigt. Niemals beginnt ein Tier zu sprechen, niemals führt es Bewegungen aus, die es in der Wirklichkeit nicht kann, niemals handelt es vermenschlicht. Die Sprache beschränkt Wilma Ellersiek auf Tätigkeiten und verzichtet auf alles Beschreibende und Emotionale, eben so, wie Kinder die Welt erleben: wahrhaft!

Rhythmisch-musikalische Betrachtungen zu den Tierspielen

In der hier vorliegenden Sammlung von Handgesten- und Raumbewegungsspielen, die alle von den Tieren handeln, ist jedes einzelne in eine musikalisch-künstlerische Form gebracht. Alle Spiele sind in gereimter Sprache verfasst, dadurch entsteht ein Grundrhythmus in geordneten Hebungen und Senkungen. Diese rhythmisch geordnete Grundstruktur ermöglicht es dem Kind, sich in den strukturierten Strom der Sprache mit hineinzuschwingen. Dieses Mitschwingen auf dem Atem der rhythmisierten Sprache wirkt beim Kind bis hinein in seine Organe und hilft ihm beim Aufbau seiner rhythmischen Leibesorganisation (siehe auch die Einführung im Band *Wiegen- und Ruhelieder in der Quintenstimmung* von Wilma Ellersiek). Rhythmus hat aber nichts mit Gleichförmigkeit zu tun, sondern Rhythmus ist eine flexible Ordnung im Zeitstrom. Dadurch hat alles rhythmisch Strukturierte Frische und Lebendigkeit. Gleichförmig Dahinfließendes ist eintönig und langweilig. In den von Wilma Ellersiek komponierten Spielen dominiert die Zweierschwingung, das bedeutet, dass jambische und trochäische Rhythmen am häufigsten vorkommen. Diese beiden Rhythmen: · – · – (Jambus) oder – · – · (Trochäus), entsprechen nahezu dem Herzschlag und sind somit die für Kinder am leichtesten erfassbaren Rhythmen. Was sich außer den rhythmischen Strukturen an musikalischen Parametern in den Handgestenspielen von Ellersiek verbirgt, soll hier exemplarisch an zwei kurzen Spielen gezeigt werden:
Das Spiel von der Schnecke hat ein langsames Grundtempo, der musikalische Begriff *grave*, was soviel wie «schwer» bedeutet, passt sehr gut als Überschrift. Der Text geht in gleichmäßigen Viertelnoten voran, dabei ist jeweils die erste Note im Takt besonders schwer, also betont, während die zweite Note leichter genommen wird. Der Anfang ist in der Lautstärke schwach, also *piano*. Nach dem ersten Satz folgt eine verhältnismäßig lange Pause, innerhalb dieser «sprachlosen» Zeit beginnt sich die Handgeste zu verändern. Dabei wird erlebbar, dass sich oftmals das wesentliche Geschehen in der Stille vollzieht. So können schon kleine Kinder erleben, wie ereignisreich gerade Pausen sein können.
Jetzt wird die Schnecke aktiv, sie guckt. Das drückt sich in kürzeren Notenwerten aus, es ist die lebhafteste Stelle des ganzen Spiels. Entsprechend nimmt auch die Lautstärke zu, sie wird mittelstark, *mezzoforte*. Auf dem Wort «guckt» ist noch ein kleiner Akzent, eine leichte Betonung. Auch das Ausstrecken der Fühler beginnt noch mit der kräftigen Stimme, nimmt aber kontinuierlich an Stärke ab, es ist ein *Decrescendo*. Wieder folgt eine lange Sprachpause, aber wiederum beginnt in dieser Zeit die

Schnecke zu kriechen. Wenn die Sprache wieder einsetzt, geht sie abermals in gleichmäßigen Vierteln. In der dreimaligen Wiederholung des Wortes «kriecht» wird einerseits der Drang, vorwärtszukommen, deutlich, aber es drückt sich auch die Langsamkeit aus, mit der die Bewegung nur vonstatten geht, deshalb sind gerade hier die längsten Notenwerte des ganzen Spiels zu finden. Der Vorwärtsdrang wird durch ein *Crescendo* (Zunahme der Lautstärke) unterstrichen. Das *Crescendo* geht bis zu dem Wort «langsam», um danach in einem *Decrescendo* wieder auszuklingen. Es tauchen jetzt noch einmal drei kurze Notenwerte auf (Achtel), die aber mit ruhigerem Ausdruck gesprochen werden als die Achtelbewegung am Anfang. Auch die Lautstärke ist hier sehr zurückgenommen (*pianissimo* = sehr schwach). Mit den langsamen Vierteln geht das kleine Spiel zu Ende. Wie schon am Anfang wird die erste Note im Takt gewichtet, die zweite Note leicht genommen. Zum Ende hin verlangsamt sich das Sprachtempo (*ritardando*).

Das Spiel ist eine in sich geschlossene kleine Komposition. Erlebbar werden die Proportionen der Notenwerte von Halben zu Vierteln zu Achteln. In entsprechenden Werten sind auch Pausen da. Die kleine Komposition wird dynamisch gestaltet mit *Crescendo* und *Decrescendo* mit *Pianissimo, Piano, Mezzoforte* und *Forte*. Zur Gestaltung gehört der Akzent, die breit gesprochenen Silben (*portato*) und die «abphrasierten» leicht gesprochenen Silben. Schließlich ist da noch das *Legato*, die dicht aneinandergefügten Silben mit gleicher Gewichtung, und zum Ende hin das *Ritardando*, die Verlangsamung. Im Unterschied zur Notation eines Liedes fehlen die festgelegten Tonhöhen. Aber in der Freiheit, die die nicht fixierte Tonhöhe lässt, liegt eine große Vielfalt im Einsatz der Stimme, denn gerade in der Sprechstimme sind kleinere Intervalle möglich, als in der abendländischen Musikkultur sonst üblich sind.

Ein ganz gegensätzliches Spiel zur «Schnecke» ist das Spiel von der Maus. Entspricht die Schnecke einem langsamen, getragenen Musikstück, so handelt es sich bei der Maus um eine lebendige, scherzhafte Komposition.

Alle Notenwerte sind kurz bis sehr kurz. Fast im Gegensatz zu den schnellen Notenwerten stehen die langen Pausen. Aber auch hier ist wieder stark spürbar, welche Erwartungsspannung in diesen Pausen entsteht.

Im Mäusespiel gibt es weder *Portato* noch *Legato*, hier erklingt ein *Staccato*, das bedeutet, dass die Töne abrupt aufhören zu klingen. Unterschiedliche Lautstärken, Akzente, Beschleunigungen und Verlangsamungen bewirken, dass das Spiel zu einem sehr dynamischen Erlebnis wird, ohne dramatisch zu werden. Kinder lieben diese Art von Spannung, die durch eine lebhafte Dynamik entsteht, während sie sich ängstigen, wenn die Sprache durch Pathos dramatisch wird.

Man sollte nie vergessen, dass alle Spiele von Wilma Ellersiek Musikstücke sind, die ganz auf die kindliche Konstitution und das kindliche Lernverhalten abgestimmt sind.

Mit Handgesten- und Reigenspielen von dieser Qualität bekommen Kinder eine fundierte musikalische Grundbildung, die über die Nachahmung direkt in die Leibesorganisation hineinwirkt. Das Kind erfährt eine künstlerische Bildung, die ihm lebenslänglich als gutes Fundament für alle anderen künstlerischen Tätigkeiten bleibt. Wir Erwachsenen, die wir diese Spiele für Kinder einüben, müssen unser «Körperinstrument» beherrschen lernen. Dazu gehören die Stimme, die Hand- und Fingerbewegung, aber auch der Ausdruck in unserer Körperhaltung allgemein. Vielleicht scheint die Aufgabe schwierig zu sein, aber das Schöne daran ist: Wenn man sich auf den Weg begibt,

erschließt man sich selbst die Musik Stück für Stück.
Schaut man hinaus in die Tierwelt, begegnet man auch dort zahlreichen musikalischen Elementen. Am schönsten wahrzunehmen ist es am Gesang der Vögel. Nicht wenige Komponisten durch alle Jahrhunderte der Musikgeschichte hindurch verwendeten Vogelmotive für ihre Kompositionen. Olivier Messiaen, französischer Komponist des 20. Jahrhunderts, schrieb sogar eine ganze Oper (seine einzige), die er Franz von Assisi widmete, jenem Heiligen, der den Vögeln predigte.
Aber nicht nur im hörbaren Bereich findet man in der Tierwelt Musikalisches vor, auch in der Gestalt der Tiere und in ihren Bewegungen kann Musikalisch-Harmonisches entdeckt werden. Der Zoologe Frits H. Julius schreibt in seinem Buch *Das Tier zwischen Mensch und Kosmos:* «Es ist wirklich ein Wunder, dass solche weich-zähen, wenig formfesten Tiere wie die Schnecken und die Nautilus-Arten solche edel geformten Schalen bauen können. Doch obgleich der Bau dieser Schalen strengen mathematischen Gesetzen gehorcht, sind sie von Art zu Art wieder verschieden, und in ihrer Strenge machen sie stets einen sehr bewegten Eindruck, man möchte sie musikalisch nennen, es ist, als sei strömender Klang zu Form geronnen.»*
Über den Fisch hat Friedrich Husemann einmal gesagt: «Sehen Sie einen Fisch an, wie er wunderbar geschuppt ist. Wenn er durch das Wasser schwimmt, ist das wie ein verdichteter Klang, eine Tonwelle, die dahinzieht. Und so besteht sein ganzer Leib aus hauchdünnen Zügen rhythmisch geschichteter Muskulatur – wie verdichteter Klang ist er.»*

* Die zitierte Literatur ist im Anhang angegeben.

Die Nachahmung

Beim Betrachten eines neugeborenen Kindes fällt immer wieder die große Hilflosigkeit des kleinen Wesens auf. Es ist ganz und gar auf Erwachsene angewiesen, die es liebend pflegen. Nach wenigen Wochen seines Erdendaseins hat es gelernt, seine Augen auf ein Ziel zu richten, und beginnt nun, seine Umgebung mit Interesse zu beobachten. Es lernt bald darauf, mit seinen Händchen etwas zu ergreifen, es wird ihm bald gelingen, sich vom Rücken auf den Bauch zu drehen und umgekehrt, es lernt krabbeln und sitzen, schließlich richtet es sich auf und steht. Nach zwölf bis fünfzehn Monaten kann das Menschlein gehen. Dennoch ist es keinem Erwachsenen zu diesem Zeitpunkt möglich vorherzusagen, welche Interessen dieses Kind einmal entwickeln wird, mit welchen Fähigkeiten es begabt ist und welchen Beruf es einmal ergreifen wird.
Betrachtet man dagegen ein neugeborenes Kalb, sieht man, dass das Tier schon nach wenigen Stunden auf seinen Beinen steht, dass es sich nicht mühsam alle Bewegungsabläufe erüben muss und dass es seine Mutter nur so lange braucht, wie es von ihr gesäugt wird. Instinktiv verhält sich das Kalb wie alle seine Artgenossen, instinktiv weiß es, welche Kräuter ihm bekommen und welche ihm schaden. Und jedem Menschen ist klar, dass dieses Kalb ein Rind wird wie Millionen Rinder vor ihm, ohne herausragende Besonderheiten.
Natürlich wird auch aus jedem Kind ein erwachsener Mensch, aber im Gegensatz zum Tier, das seinem Instinkt folgen muss, kann der geistbegabte Mensch von Anfang an seinen Interessen nachgehen, er kann von Anfang an aus der Vielzahl der Angebote dasjenige auswählen, das seinem Bedürfnis entspricht. Zuerst muss sich der Mensch alle Bewegungsabläufe

mühsam erarbeiten; das macht das Kind, indem es die Erwachsenen in seiner Umgebung nachahmt, ihre Gesten und Bewegungen mitvollzieht und im Spiel unzählige Male wiederholt. Das Mitvollziehen und die Nachahmung beschränken sich aber nicht nur auf Vorgelebtes der Eltern und Geschwister, selbst Gegenstände können ein Kind zum Nachahmen animieren. Von einem solchen, wahrhaft extremen Fall in seiner Klinik berichtet der Arzt Alfred Nitschke:

«Ein fast zehn Monate altes Mädchen wurde von der Mutter mit folgenden Angaben zur Aufnahme gebracht: Es hatte bald nach der Geburt zu erbrechen begonnen. Von da an hörten die Schwierigkeiten in der Ernährung nicht mehr auf. Zeitweise traten heftige Durchfälle hinzu. Ein auswärtiger Krankenhausaufenthalt von drei Wochen brachte nur eine kurz dauernde Besserung. Der Säugling erbrach nicht nur immer wieder, er nahm bald die Nahrung nur noch mit großen Schwierigkeiten, langsam und lustlos. Kein Wechsel auf Neues hatte Erfolg, sodass er immer elender wurde. Trotz aller Bemühungen der Mutter waren die Mengen, die das Kind trank, schon lange nicht mehr ausreichend. Die Mutter war schon durch das erste Erbrechen ängstlich geworden. Sie sah darin den Beginn einer schweren Erkrankung und glaubte sich durch das Nachfolgende in ihrer wachsenden Sorge bestätigt. Deshalb hielt sie das Kind auch ganz still, ließ es fast ohne Anregung und wies jeden Besuch zurück. Jetzt war sie in einem Zustand, dass sie weinte und zitterte, sooft sie mit dem Füttern beginnen wollte. Das Kind war ohne krankhaften körperlichen Befund, aber sehr elend, mager, die Muskulatur dünn und schlaff. Es konnte nicht sitzen. Meist nahm es eine eigenartige Haltung ein: Der Körper ruhte wie ein zusammengeklapptes Taschenmesser zwischen den ausgestreckten dünnen Beinchen. Dazu lagen die schlaffen Arme oft nach vorne ausgestreckt auf der Decke. Das aufliegende Gesicht war wenig angehoben, der Ausdruck verstimmt und lustlos abweisend. Auffallend war dabei der ruhige, große Blick und noch mehr ein ausdrucksreicher Mund, an dem das Kind oft mit den Fingern spielte. (…)

An dem Tag, an dem das Kind in der Vorlesung als eines von denen gezeigt werden sollte, bei denen es uns nicht gelang, einen wahrscheinlich in der Lebenssituation liegenden Schaden zu klären und zu überwinden, durfte es, um nicht gar zu unglücklich zu sein, etwas mitnehmen, das ihm vertraut war. Das war ein großer Hase, den das Kind als liebsten Spielgefährten von zu Hause mitgebracht und dauernd bei sich im Bettchen gehabt hatte. Beim Anblick des Tieres kam plötzlich der Einfall: Das ist der Störenfried! Wir erinnerten uns jetzt, dass wir bei der Aufnahme im Scherz gesagt hatten: Das Kind sieht aus wie sein Hase. Es war ein großes Tier, eine der grotesken Formen, die man heute den Kindern zum Spielen gibt, mit sehr langen, dünnen, schlaff hängenden Armen und Beinen, einem Kopf mit auffallend gerichteten großen Augen und einem sehr ausgeprägten Maul, dessen Lippen das Kind immer wieder mit den Fingern berührte. Diesen schlaffen, traurig verstimmt aussehenden Hasen hatte das Kind oft sich selbst zugewendet auf die Bettdecke gelegt, und zwar genau in seiner eigenen Haltung: Den Oberkörper zwischen den schlaffen Hinterläufen, die Vorderläufe ausgestreckt, das Gesicht mit dem sonderbaren Augen- und Mundausdruck dem Kind zugewandt. Das war zu Hause fast der einzige Partner des sonst von der Welt isolierten Kindes; das war das Bild von Haltung, Bewegung und Stimmung, mit dem das Kind umgegangen war, an dem das Kind sich geformt hatte.

Ich würde diese Deutung nicht mit solch entschiedener Weise zu geben wagen, wenn sich die Folgerungen für die Behandlung nicht als so wirkungsvoll erwiesen hätten. Wir ersetzten den Hasen durch ein fast ebenso großes, aufrecht dastehendes und klar geformtes freundliches Lämmchen. Das Kind schloss sich rasch an das neue Tier an. Obwohl wir sonst nichts in der Behandlung änderten, begann das Kind schon nach wenigen Tagen mit Vergnügen zu essen, wurde bald kindlich fröhlich, stellte sich auf und vergaß die alte Haltung ohne unser Zutun. – Der Wandel reichte bis in die Tiefe der kleinen Person. Er war für uns, nach der langen vergeblichen Bemühung schön, fast erschütternd – für die Mutter unfasslich. Diese glückliche Entwicklung wurde seitdem zu Hause nicht mehr unterbrochen.»

Dieser hier zitierte, sehr krasse Fall soll noch einmal verdeutlichen, wie wichtig gute Vorbilder sind, denn letztlich entscheidet ja das Kind, was es aus der Fülle des Angebots zum Mitvollziehen und zum Nachahmen auswählt.

Abschließend noch mal Alfred Nitschke:

«Das motorische Mitvollziehen ist kein Phänomen, das man als rein passives, als Mitgenommen-Werden beschreiben kann. Es ereignet sich von Anfang an nur, wenn ich gegenwärtig, wach und bereit bin, mich mitnehmen zu lassen; wenn ich mich für das, was kommt, offenhalte und mich mit Anteilnahme und Intensität zuwende; wenn ich in den Ablauf des Geschehens eingehe. Es lässt somit nicht nur Freiheit zum eigenen Einsatz, sondern verlangt ihn von Anfang an. Was auch immer das Kind sich aus der Tradition, in die es aufgenommen wird, an menschlichen Gütern, Erfahrungen und Haltungen zugänglich macht, niemals bleibt diese Aneignung ein nur passives Hinnehmen und Empfangen. Sie fordert stets den eigenen aktiven Einsatz, den auch die Worte ‹Mitvollziehen› und ‹Übernehmen› andeuten sollen.»

Die Quintenstimmung

Die in diesem Buch veröffentlichten Lieder sind alle in der Quintenstimmung komponiert. Die Quintenstimmung hat einen zentralen Ton, von dem aus die Töne innerhalb eines Quintraums hinauf und hinunter pendeln. Der zentrale Ton ist der sogenannte Kammerton, das a′, das auch der Ausgangston zum Stimmen fast aller Instrumente ist. Alle anderen Töne der Quintenstimmung sind in logischer Folge dem Quintenzirkel entnommen, in einen Nonenraum zusammengedrängt, und sowohl der tiefste wie auch der höchste Ton sind in der Oktav verdoppelt.

Melodien, die aus diesem Tonraum gebildet sind, haben keinen Grundton, wie man ihn von der Diatonik kennt, sondern sie haben das a′ als Zentrum. Diese Melodien stimmen mit dem ganzheitlichen Welterleben des kleinen Kindes ganz überein. Der Tonraum der Quintenstimmung bildet eine schützende Hülle, in der das Kind sich geborgen fühlen kann. Die Quintenstimmung erklingt nicht in Dur und nicht in Moll, diese Qualitäten sind nur in der Diatonik möglich. Die Diatonik (die in der abendländischen Musikkultur gebräuchlichen Tonleitern sind diatonisch) hat zwei Zentren, den Grundton und den gegenüberstehenden Oktavton.

Innerhalb der Diatonik gibt es Halbtonschritte, die innerhalb der Quintenstimmung nicht erklingen. Die Diatonik hat das Phänomen der Polarität – der Zweiheit, die im Gegensatz zur Einheit – dem «Einssein» mit der Welt steht.

Das Kind im ersten Jahrsiebt ist noch eins mit der Welt, es stellt sich ihr noch nicht polar gegenüber, daher sind Lieder, die in der Quintenstimmung erklingen, für das Kind wie ein Einssein mit der kosmischen Welt, in der Him-

mel und Erde noch verbunden sind, im Einklang mit einem Zentrum, dem Göttlichen.
Die Tongeschlechter Dur und Moll ermöglichen dem Menschen, sich in seiner Innerlichkeit zu erleben, sich in seinem Fühlen wahrzunehmen. Diesen Schritt vollziehen Kinder aber erst im Schulalter.
Quintenlieder entsprechen voll und ganz dem musikalischen Bedürfnis des Vorschulkindes. Vielfache Erfahrungen belegen, dass Quintenstimmungslieder entspannend und heilsam wirken.
In diesem Sinne möchte ich alle Leserinnen und Leser dieses Buches ermutigen, sich die Welt der Handgestenspiele von Wilma Ellersiek für die pädagogische Arbeit mit den Kindern selbst zu erschließen.

Ingrid Weidenfeld

Die Quinten

Die zusammengedrängten Quinten

Die oktavierte Verdoppelung der Randtöne

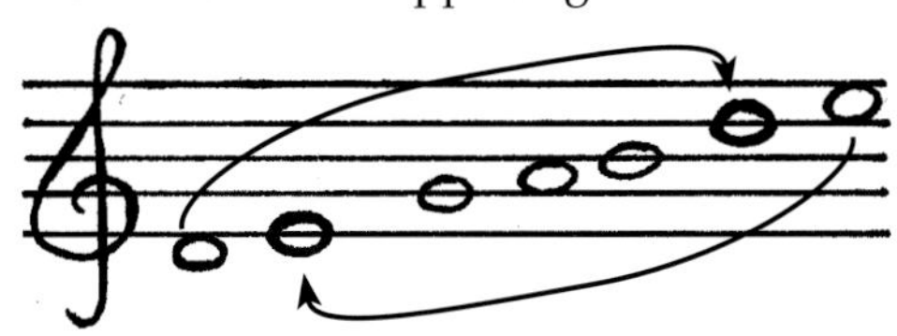

Die Diatonik

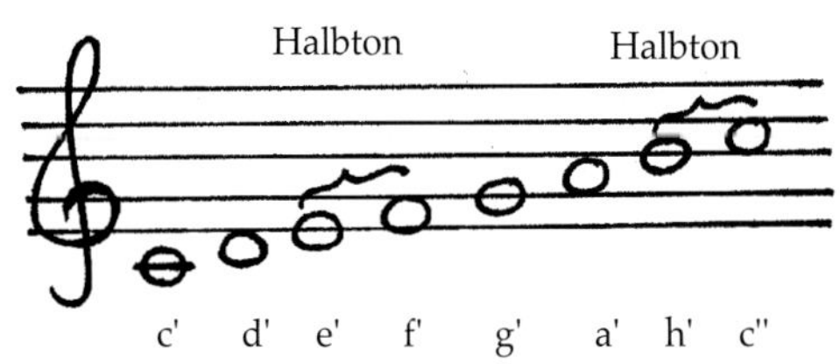

Wenn Sie noch Fragen zum praktischen Umgang mit den Spiele haben, wenden Sie sich an den Verein insel – Institut für die Spiele von Wilme Ellersiek.
www.handgestenspiele.de

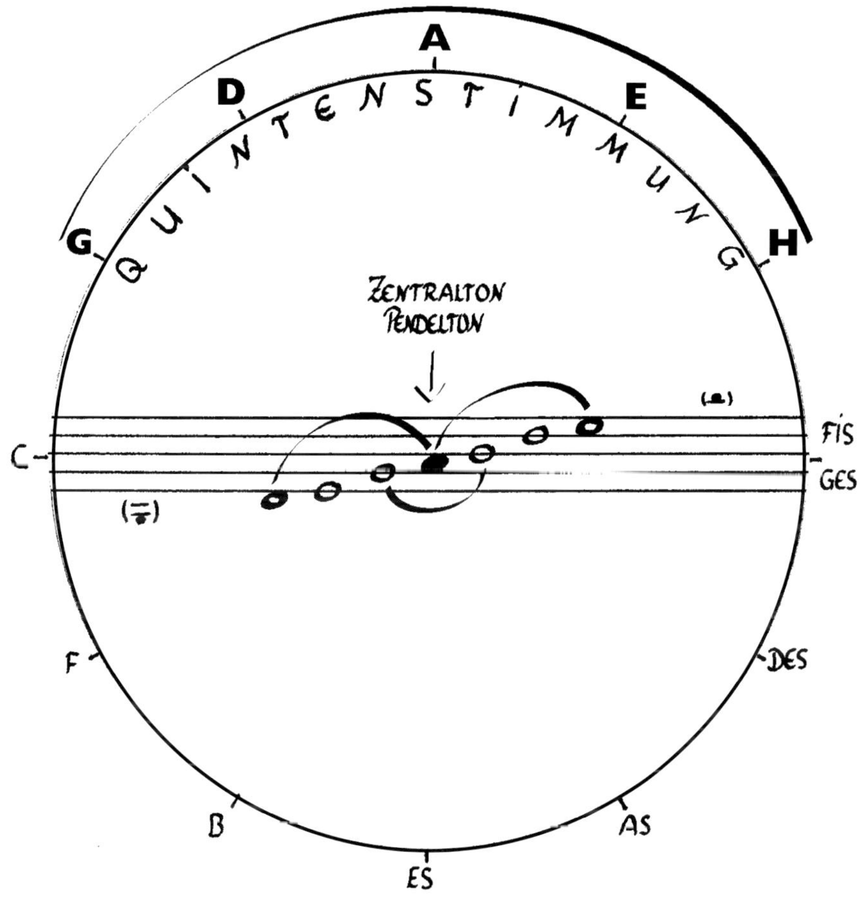
A
D
E
G
H
QUINTENSTIMMUNG
ZENTRALTON
PENDELTON
C
FIS
GES
F
DES
B
AS
ES

Allgemeine Hinweise zur Notation

Die Noten sind keine auf messbare Werte festgelegte Notation. Sie sind als Erinnerungshilfe für den Melodieverlauf gedacht. Man singt frei, dem Sprach- und Bewegungsablauf folgend, ohne feste Bindung an Notenlängen und -kürzen oder Taktanordnungen. Das Sprachgeschehen bestimmt den rhythmischen und dynamischen Verlauf.

- ≈ 1 Grundschlag, das ist die sich am Herzschlag orientierende Pulsation im strömenden, schwingenden musikalischen Geschehen, ohne Takteinteilung durch Betonung und feste Bindung an Normwerte. Man singt der Sprache folgend und hält dabei eine ruhige Schwingung ein, die sich am Schluss eines Liedes verlangsamen kann.

Alle hier vorkommenden Lieder und Liedtexte stammen von Wilma Ellersiek.

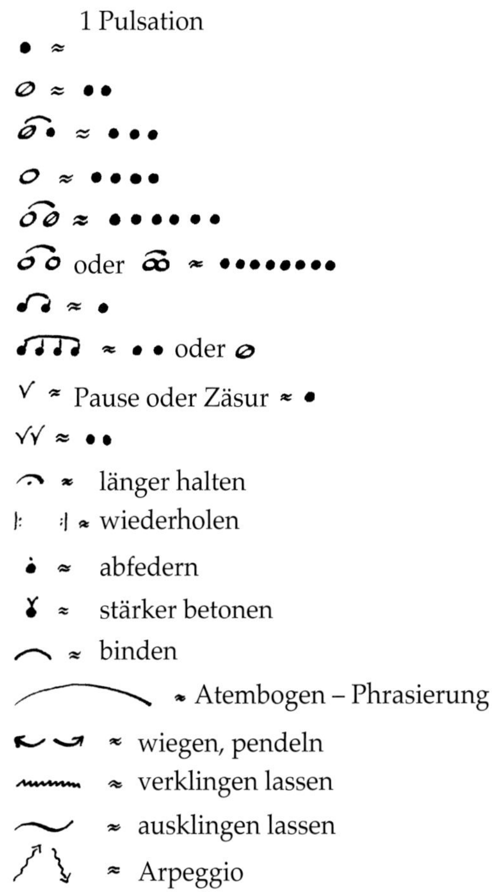

Der Regenwurm

Rhythmisch-musikalisches Erzählchen für den Zeigefinger

Der Regenwurm, der ringelt sich.
Der Regenwurm, der kringelt sich.
Wird lang – wird kurz – wird lang –.
In die Erd' bohrt er ein Loch:
Bohrt – booohrt – boooooohrt.
Verschwindet darin ganz
mit Kopf und Schwanz.

Text	Bewegungen
1 Stumme Bewegung zur Vorbereitung:	1 Die rechte Hand wird zur locker eingerollten Faust gemacht, der Daumen liegt außen auf den Fingern. Die Faust mit den eingerollten Fingern als Auflagefläche auf den rechten Oberschenkel dicht am Körper auflegen.
2 Der Regenwurm, 	2 Den rechten Zeigefinger aus der Faust herausstrecken und darauf achten, dass die Fingerkuppe dabei stets den Oberschenkel berührt, die Faust macht währenddessen eine leichte Drehung auf den Kleinfingerrand, sodass der Zeigefinger mit dem rechten Nagelrand auf dem Schenkel liegt. Der Zeigefinger wird nicht restlos gestreckt, sondern verbleibt in einer schwachen Beugung. Diese Bewegung sehr langsam und kontinuierlich ausführen.
3 der ringelt sich. Der Regenwurm, der kringelt sich.	3 Bei «der» die Faust mit dem herausgestreckten Zeigefinger langsam ein wenig vorschieben in Richtung Knie. Ab «ringelt sich» den Bewegungsablauf und die Textverteilung entsprechend der skizzierten Linie ausführen. Die Bewegung ist fließend.

4 Wird lang –

4 Den Zeigefinger wie oben bei 2 ausstrecken und gleichzeitig die Faust wieder vorwärtsschieben.

5 wird kurz – wird lang –.

5 Bei «wird kurz» die Faust sehr langsam vorschieben und dabei den Zeigefinger wieder einrollen, bei «wird lang» wieder strecken. Das «lang» sehr gedehnt sprechen und den Finger, der Sprache entsprechend, weit vorstrecken.

6 stumme Bewegung

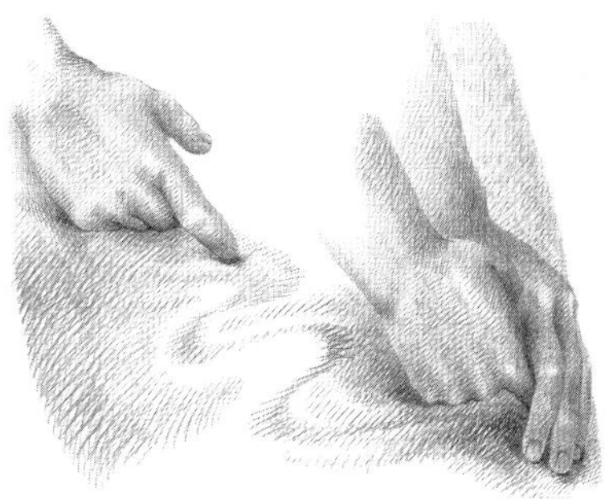

6 Nun wird die linke Hand auf den rechten Oberschenkel gelegt, die Finger sind geschlossen und liegen mit den Fingerkuppen am Knie, der Daumen ist unter der Hand eingeschlagen, dadurch ist die Hand etwas gewölbt. Die linke Hand stellt also einen Erdhügel dar.

7 In die Erd' bohrt er ein Loch:

7 Der «Regenwurm» kriecht zum «kleinen Erdhügel». Dort erreicht er mit der Fingerkuppe den gebeugten Daumen, an diesem Platz bohrt der «Wurm» einmal nach rechts und einmal nach links in die «Erde».

8 Bohrt – booohrt – boooooohrt.

8 Beim ersten «bohrt» den «Wurm», ohne vorwärtszubewegen, einmal nach rechts und einmal nach links bohren lassen. Eine kleine Pause einhalten. Jetzt bewegt sich der «Wurm» wieder langsam vorwärts, entlang dem eingeschlagenen linken Daumen, dabei langsam und gedehnt das zweite «booohrt»

sprechen. Gleichzeitig mit der Vorwärtsbewegung schlängelt sich der Wurm nach rechts, nach links, nach rechts, wie in der linken Spalte mit den Pfeilen markiert. Wieder eine Pause lassen und beim dritten «boooooohrt» den Ablauf wie gehabt weiterführen, aber mit einer Drehung mehr. Nochmals eine Pause einfügen.

9 Verschwindet darin ganz mit Kopf

und Schwanz.

9 Der Wurm bohrt im angegebenen Sprachrhythmus weiter. Die Vorwärtsbewegung so einteilen, dass bei dem Wort «Schwanz» der «Wurm», also der rechte Zeigefinger, restlos unter dem «Erdhügel» verschwindet. Das Spiel ausklingen lassen, indem die letzte Gebärde ein Weilchen gehalten wird.

Krabbe – krabbe – krabbe

Rhythmisch-musikalisches Handgestenspiel

Krabbe – krabbe – krabbe –
mit vielen Beinchen kurz und klein
krabbelt hier: ein Käferlein! –
Krabbe – krabbe – krabbe –
Käferlein – Käferlein –
Krabbelt in sein Blätterhaus.
Ruht sich aus! – Ruht sich aus! –

Text	Bewegungen
1 Krabbe – krabbe – krabbe –	1 Die rechte Hand ist das «Käferlein». Alle Fingerkuppen einschließlich die des Daumens berühren den rechten Oberschenkel seitlich oben an der Hüfte. Alle Finger sind locker gebogen, sodass unter der Handinnenfläche ein Hohlraum ist. Das «Käferlein» krabbelt nun von der Hüfte mit sehr schnellen, leichten Fingerbewegungen auf dem Oberschenkel entlang.
2 mit vielen Beinchen kurz und klein	2 Mit dem «Käferlein» weiterkrabbeln bis zur Mitte des Oberschenkels in einer Kurve über die Außenseite.
3 krabbelt hier: ein Käferlein! –	3 Jetzt krabbelt der «Käfer» weiter von der Mitte des Oberschenkels bis zum Knie und bleibt dort ein Weilchen sitzen.
4 Krabbe – krabbe – krabbe –	4 Der «Käfer» krabbelt vom Knie wieder zurück bis zur Mitte des Oberschenkels, in fast gerader Linie.
5 Käferlein – Käferlein –	5 Von dort krabbelt er wieder in einer Kurve über die Außenseite des Schenkels bis zur Hüfte.

6 Krabbelt in sein Blätterhaus.

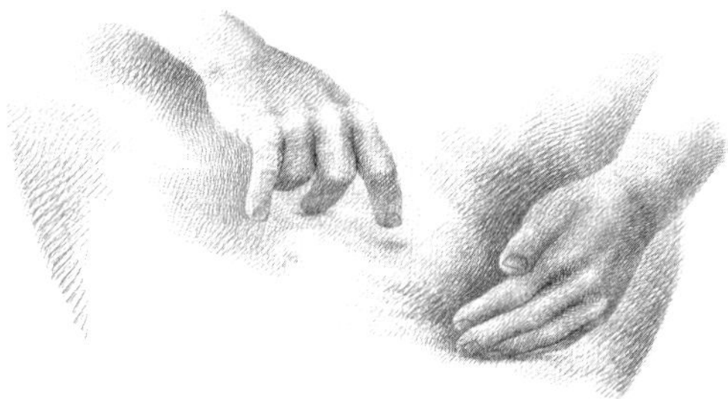

6 Die linke Hand wird nun mit der Handinnenfläche nach unten etwas hohl auf den linken Oberschenkel ganz nah beim Körper gelegt, als Blätterhaus (s. Abbildung links). Das «Käferlein» krabbelt dicht am Körper vom rechten zum linken Oberschenkel herüber und in das «Blätterhaus» hinein. Der «Käfer» bleibt darunter sitzen.

7 Ruht sich aus! – Ruht sich aus! –

7 Das «Käferlein» bleibt ruhig in seinem «Haus» sitzen. Das «Ruht sich aus» sehr gedehnt, fast singend sprechen und ausklingen lassen.

Hinweis:
Dieses Spiel kann auch als «Berührungsspiel» gespielt werden, die Hand des Erwachsenen ist das Käferlein und krabbelt auf dem Kinderkörper umher. Das Blätterhaus können zum Beispiel die Kinderhände sein, die Achselhöhle, die Kniekehle, die Halsbeuge oder eine andere Körperpartie. Die Rollen können getauscht werden. Zum Abschluss kann der Käfer mit einem Ruhelied in der Quintenstimmung eingewiegt werden. Siehe hierzu das Buch *Wiegen- und Ruhelieder in der Quintenstimmung* von Wilma Ellersiek.

Die Schnecke

Rhythmisch-musikalisches Handgestenspiel

Die Schnecke sitzt in ihrem Haus.
Sie guckt und streckt die Fühler aus –
fängt zu kriechen an:
Kriecht – kriecht – kriecht –
kommt langsam nur voran.
Kriecht – kriecht – kriecht – hält an! –
Ist müde – zieht die Fühler ein –
und ruht sich aus – im Häuselein. –

Text	Bewegungen
1 Stumme Bewegungsvorbereitung	1 Die rechte Hand zu einer lockeren Faust machen, der Daumen liegt auf den Fingern. Die Faust auf eine Unterlage, zum Beispiel Oberschenkel, Tisch, Boden … auflegen.
2 Die Schnecke sitzt in ihrem Haus.	2 Der Erwachsene schaut seine «Schnecke» an und spricht bedächtig.
3 Sie guckt und streckt die Fühler aus – 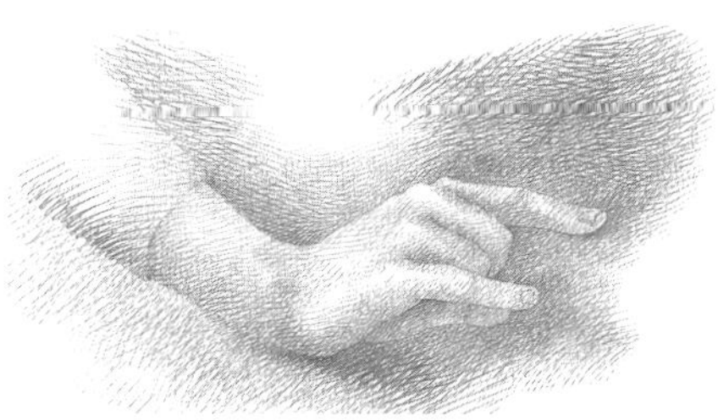	3 Die Schnecke immer noch anschauen und sehr langsam den Zeigefinger und den kleinen Finger aus der Faust als Fühler herausstrecken. *Für Kinder unter drei Jahren* anstelle des kleinen Fingers den Mittelfinger zusammen mit dem Zeigefinger als Fühler herausstrecken.
4 fängt zu kriechen an:	4 Langsamst setzt sich die «Schnecke» in Bewegung.
5 kriecht – kriecht – kriecht –	5 Die «Schnecke» weiterhin sehr langsam, aber kontinuierlich vorwärtsschieben, dabei sehr gedehnt und monoton sprechen. Die Faust darf den «Boden» kaum berühren, damit die

Bewegung geschmeidig bleibt. Zwischen den Worten kleine Pausen einfügen, die Vorwärtsbewegung trotzdem fortsetzen. Nach dem dritten «kriecht» hält die «Schnecke» an.

6 Kommt langsam nur voran.

6 Die Schnecke anschauen und nebenstehenden Text gedehnt sprechen, dabei die Fühler ein wenig bewegen. Dann setzt die «Schnecke» ihren Weg fort, das heißt, die langsame Vorwärtsbewegung setzt wieder ein.

7 Kriecht – kriecht – kriecht –

7 Weiterkriechen wie oben bei 5 beschrieben. Die «Schnecke» kann auch kleine Richtungswechsel vornehmen, dazu die «Schneckenhand» leicht aus dem Handgelenk heraus bewegen.

8 hält an! –

8 Die Erzieherin hält in der Bewegung inne und schaut ihre «Schnecke» an.

9 Ist müde –

9 Bei «müde» nickt die Erzieherin einmal mit dem Kopf. Eine kleinen Pause einhalten und dann die «Fühler» ein wenig bewegen.

10 zieht die Fühler ein –

10 Die «Fühlerfinger» langsam einrollen, zurück zur Ausgangshaltung wie oben bei 1.

11 und ruht sich aus – im Häuselein. –

11 Die ruhig liegende Faust (Schnecke) anschauen. Sich viel Zeit lassen, bis die Geste aufgelöst wird.

Hinweis:
Je nach Alter und Entwicklungsstand der Motorik werden die Kinder die Schneckenfühler mit Daumen und Zeigefinger oder mit Zeige- und Mittelfinger nachahmen. Das Kind darf auf keinen Fall korrigiert werden. Eines Tages entdeckt es selbst, dass die Hand des Erwachsenen anders aussieht. Das Kind braucht nur genügend Zeit, dann wird es ganz selbstständig präzise nachahmen.

Husch – Husch!

Rhythmisch-musikalisches Handgestenspiel

Aus dem Haus guckt die Maus: fiep – fiep!
Huscht: husch – husch – husch – husch.
Findet eine Nuss:
Pppppppp! Knuspert die Maus.
Pppppppp! Knusper – knusper – knaus.
Fiep – fiep!
Huscht: husch – husch – husch – husch.
Findet eine Wurzel:
Tt t t t t t t ! Knabbert die Maus.
Tt t t t t t t ! Knabber – knabber – knaus.
Im Wald macht es: Kneck!
Husch – husch – ist sie weg! – Fiep! –

Text	Handgesten
1 Aus dem Haus	1 Die linke Hand gewölbt auf den rechten Oberschenkel dicht am Körper legen. Die Handinnenfläche ist dabei nach unten gewendet. Zeige- und Mittelfinger der rechten Hand auf den rechten Daumen legen, die Fingerkuppen gucken über die Daumenkuppe hinaus, als «Mauseschnäuzchen». Das «Schnäuzchen» unsichtbar unter die gewölbte linke Hand setzen.
2 guckt die Maus:	2 Nach einer kurzen Spannungspause spricht der Erzieher: «guckt» und lässt gleichzeitig das Mauseschnäuzchen erscheinen. Nach einer weiteren Spannungspause sagt er: «die Maus».

3 fiep – fiep! li re ↖ ↗	3 Das Mäuschen beim ersten «fiep» nach links und beim zweiten «fiep» rechts gucken lassen.
4 Huscht: husch – husch – husch – husch. ↑ ↗ ↖ ↗ ↖	4 Bei «Huscht» verlässt das «Mäuslein» sein Haus, die rechte Hand wird dazu rasch ein kurzes Stück geradeaus auf dem Oberschenkel in Richtung Knie bewegt. In der raschen Bewegung plötzlich innehalten. Dann mit jedem «husch» jeweils eine rasche Vorwärtsbewegung ausführen und jedes Mal die Richtung wechseln, sodass die Maus einen Zickzackweg bis zum Knie zurücklegt. Am Knie die Bewegung wieder plötzlich anhalten. Während die «Maus» huscht, wird die Mauselochgebärde der linken Hand unmerklich aufgelöst.
5 Findet eine Nuss:	5 Das «Schnäuzchen» bei dem Wort «findet» leicht auf die «Erde» (das rechte Knie) drücken.
6 Pppppppp! Knuspert die Maus. Pppppppp! Knusper – knusper – knaus.	6 Bei «Pppp…» jeweils das Mauseschnäuzchen schnell nur wenige Milimeter rhythmisch auf- und abbwegen (knuspern). Für die Texte «Knuspert die Maus» und «Knusper – knusper – knaus» in der Bewegung innehalten. Den Oberkörper aufrichten und in die Runde schauen. Das «Schnäuzchen» bleibt ruhig auf dem Schenkel liegen. Für das «Pppp…» einen Kussmund formen, dann die Lippen in schneller Folge ein wenig öffnen und schließen. Dabei die Luft leicht einsaugen.
7 Fiep – fiep! ↖ ↗	7 Das «Mäuschen» guckt einmal nach links und einmal nach rechts und ruft dabei jeweils: «fiep!»

8 Huscht: husch – husch – husch – husch.
↓ ↘ ↙ ↘ ↙

8 Das «Mäuschen» huscht plötzlich ein kleines Stück rückwärts Richtung Rumpf. (Die «Mäusehand» wird nicht umgedreht, das Schnäuzchen ist immer zum Betrachter gewendet.) Die Bewegung plötzlich anhalten! Dann im Zickzack, wie es mit den Richtungspfeilen in der linken Spalte angegeben ist, auf dem Oberschenkel zurückhuschen in Richtung zum Körper. Plötzlich anhalten!

9 Findet eine Wurzel:
V V V

9 Zeige- und Mittelfinger der rechten Hand werden nun so weit gebogen, dass die Fingernägel auf dem Oberschenkel (oder sonstiger Unterlage) kratzen können. Auch der Daumen wird angewinkelt. Mit dieser Gebärde werden die «Mäusezähnchen» angedeutet. Jeweils bei «V» über die Unterlage kratzen.

10 Tt t t t t t t ! Knabbert die Maus.

Tt t t t t t t ! Knabber – knabber – knaus.

10 Mit den «Mäusezähnchen» rhythmisch an der imaginären Wurzel knabbern, das heißt, die Fingernägel kratzen auf der Unterlage. Für die Texte «Knabbert die Maus» und «Knabber – knabber – knaus» in der Bewegung innehalten und in die Runde schauen (wie bei Punkt 6). Zur Erzeugung des Knabbergeräusches wird die Zunge dicht hinter den oberen Zähnen gegen den Gaumen gedrückt. Die Luft leicht einziehen und in schneller Folge die Zunge vom Gaumen lösen und wieder an den Gaumen anlegen. Nach jeder Zeile eine kleine Pause einhalten.

11 Im Wald macht es:

11 Den Text «Im Wald macht es» schnell, leise, gut artikuliert und fast auf einer Tonhöhe sprechen.

12 Kneck!

•

12 Die Erzieherin ruft kurz und hell «Kneck», dabei tupft sie mit dem linken Zeigefinger plötzlich auf den Oberschenkel. Eine «Eichel» fällt herunter.

13 Husch – husch – ist sie weg!

13 Das «Mäuslein» im Zickzackweg schnell hinter dem Rücken verschwinden lassen. Danach eine kleine Pause einhalten.

14 Fiep! –

14 Das «Mauseschnäuzchen» mit dem Ruf «Fiep!» noch einmal erscheinen lassen, es guckt keck um die Ecke, um dann schnell wieder hinter dem Rücken zu verschwinden.

Eventuell kann hinzugefügt werden:

15 Die Geschichte von der Maus – ist aus! –

15 Die Erzieherin schaut die Kinder an, sie breitet ihre Arme aus, um die leeren Hände zu zeigen: Die Maus ist tatsächlich weg!

Das Mäuselein tanzt Ringelreihn

Rhythmisch-musikalisches Handgestenspiel

Aus dem Haus – guckt die Maus.
Trippelt – trippelt – trippelt – sitzt:
Das Schwänzchen wippelt – wippelt – wippelt.
Das Mäuselein tanzt Ringelreihn –
dideldideldideldein – dideldideldideldein.
Trippelt – trippelt – trippelt – sitzt:
Das Schwänzchen wippelt – wippelt – wippelt.
Es tanzt auf seinen Zehenspitzen –
Zehen – Zehen – Zehenspitzen.
Zehen – Zehen – Zehenspitzen.
Trippelt – trippelt – trippelt – sitzt:
Das Schwänzchen wippelt – wippelt – wippelt.
Es springt – springt – springt!
Springt – springt!
Bleibt sitzen und ruht aus – die kleine Maus.
Dann tanzt es nochmals Ringelreihn,
das Mäuselein – dideldideldideldein.
Da macht es: Poch! – Die Maus: fiieep!
flllllitzt – ins Loch.

Text	Handgesten
1 Aus dem Haus – guckt die Maus. 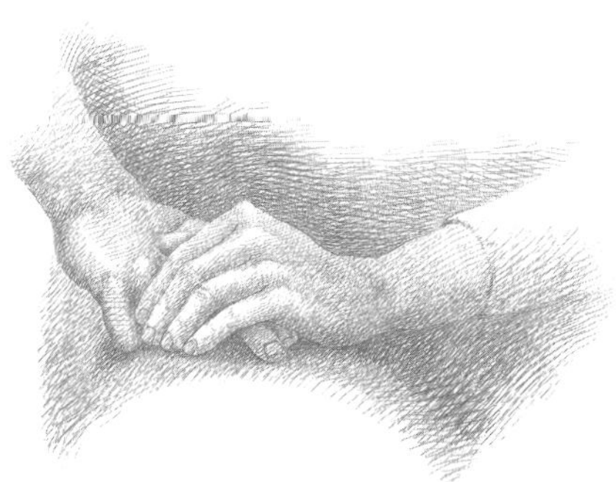	1 Die rechte Hand ist das Mäuschen: Aus der lockeren Faust, die auf den eingerollten Fingern aufliegt, werden Daumen, Zeigefinger und Mittelfinger herausgestreckt. Die beiden langen Finger liegen eng aneinander, langgestreckt über dem Daumen. Die Hand schmiegt sich mit dem Handgelenk in die Beuge zwischen Körper und rechtem Oberschenkel. Die linke Hand wird als «Mäusehaus» über das «Mauseschnäuzchen» gelegt. Bei dem Wort «guckt» erscheint plötzlich das «Mäuschen» vor seinem «Loch» (siehe Abbildung Seite 31 links).
2 Trippelt – trippelt – trippelt – sitzt:	2 Die linke Hand verschwindet. Die rechte Hand, das «Mäuschen», erhebt sich aus dem Handgelenk so, dass Zeige- und Mittelfinger jetzt zu Mäusebeinchen werden,

der Daumen legt sich locker auf den eingerollten Ringfinger. Mit vielen winzig kleinen Schrittchen trippelt das Mäuschen auf dem Oberschenkel vorwärts in Richtung Knie. Nach dem letzten «trippelt» ist die «Maus» etwa in der Mitte des Oberschenkels angekommen und setzt sich mit dem Wort «sitzt» dort ab. Dazu das Handgelenk auf dem Oberschenkel ablegen.

3 Das Schwänzchen wippelt – wippelt –
→ ←
wippelt –
→

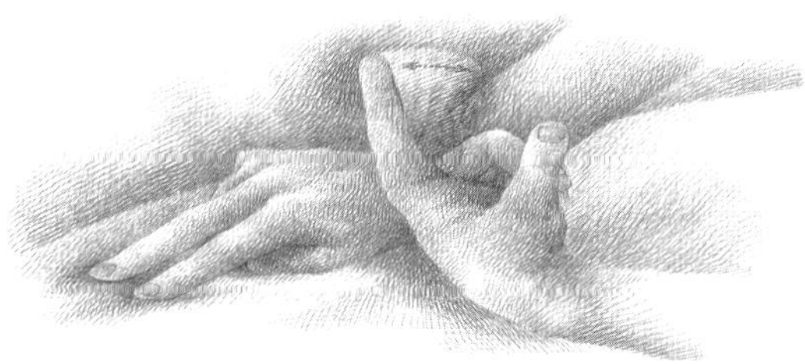

3 Die rechte Hand bleibt als Maus unverändert sitzen, die linke Hand wird zur Faust eingerollt, der Daumen liegt auf den Fingern. Der linke Zeigefinger wird senkrecht aus der Faust herausgestreckt. Nun wird die linke Hand mit den Knöcheln von Zeige- und Mittelfinger seitlich eng an das rechte Handgelenk angelegt. Der linke Zeigefinger ist der hoch erhobene Mäuseschwanz. Der «Schwanz» bewegt sich im angegebenen Sprachrhythmus rückwärts und vorwärts (für den Zeigefinger ist das eine Seitwärtsbewegung).

4 Das Mäuselein tanzt Ringelreihn –

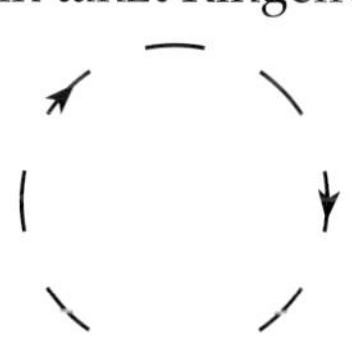

dideldideldideldein – dideldideldideldein.

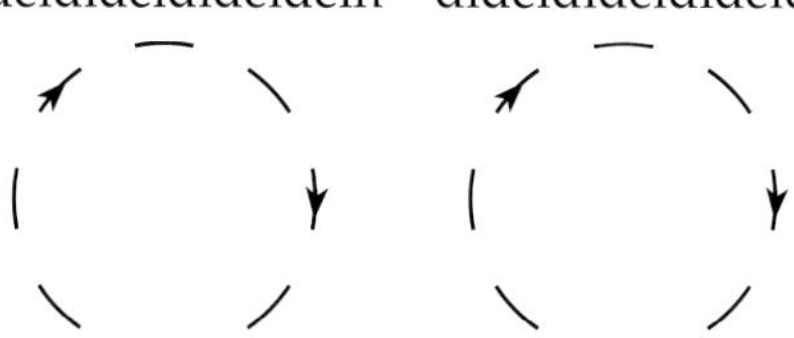

4 Das «Schwänzchen» verschwindet, und bei dem Wort «Mäuselein» wird das rechte Handgelenk etwas angehoben, sodass das «Mäuschen» auf seinen «Beinchen» (rechter Zeige- und Mittelfinger) steht. Die beiden Finger sind leicht gekrümmt. Ab dem Wort «tanzt» mit leichten kleinen Tupfern im Wechsel von Zeige- und Mittelfinger auf der Mitte des rechten Oberschenkels in der links angegebenen Weise drei kleine Kreise tanzen.

5 Trippelt – trippelt – trippelt – sitzt:

5 Nachdem der letzte Kreis getanzt wurde, trippelt das «Mäuslein» in der gleichen

Haltung wie beim Ringelreihn mit vielen kleinen Schrittchen geradeaus in Richtung Knie. Noch etwa eine Handbreit vor dem Knie auf das Wort «sitzt» das Mäuschen hinsitzen lassen, wie oben bei 2.

6 Das Schwänzchen wippelt – wippelt – wippelt –

6 Mit der linken Hand wieder das Schwänzchen machen, siehe oben bei 3.

7 Es tanzt auf seinen Zehenspitzen –
Z M Z M
Zehen – Zehen – Zehenspitzen,
Z M Z M Z M Z M

7 Das Schwänzchen verschwinden lassen. Bei dem Wort «tanzt» das rechte Handgelenk so hoch erheben, dass die beiden gestreckten Finger mit dem Handrücken fast eine gerade Linie bilden. Ab dem Wort «Zehenspitzen» im angegebenen Sprachrhythmus im Wechsel mit Zeige- und Mittelfinger (der Zeigefinger beginnt) vorwärts zum Knie trippeln mit insgesamt zwölf Schrittchen.

8 Zehen – Zehen – Zehenspitzen.
Z M Z M Z M Z M

8 Vom Knie ab mit acht kleinen Trippelschritten rückwärts trippeln. (Für das Rückwärtsgehen die rechte Hand mit dem Handrücken zum Betrachter lassen.)

9 Trippelt – trippelt – trippelt – sitzt:

9 Aus dem «Zehenspitzengang» mit der rechten Hand wieder die unter 2 beschriebene Haltung einnehmen und mit schnellen kleinen Schrittchen weiterhin rückwärts bis nahe an den Körper trippeln. Bei «sitzt» das Handgelenk in die Beuge zwischen Oberschenkel und Körper legen. Zeige- und Mittelfinger wieder gestreckt als Schnäuzchen über den Daumen legen.

10 Das Schwänzchen wippelt – wippelt – wippelt.

10 Siehe oben bei 3.

11 Es springt – springt – springt!
Springt – springt!

11 Das «Mäuschen» erhebt sich wieder in die «Trippelhaltung» (Zeige- und Mittelfinger sind leicht gebeugt). Bei jedem «springt» mit der ganzen Hand kleine Hüpfer in Rich-

tung Knie ausführen und jeweils in den Fingergelenken leicht nachfedern. Nach dem dritten Sprung ist eine kleine Pause, dann noch zwei Sprünge hinzufügen und gleich danach die rechte Hand in der Schnäuzchenhaltung etwa in der Mitte des Oberschenkels absetzen.
Das «springt» mit heller Stimme und gut artikuliert sprechen.

12 Bleibt sitzen und ruht aus – die kleine Maus.

12 Das «Mäuschen» anschauen, mit dunkler Stimme langsam und ruhig sprechen. Bei «sitzen» und bei «kleine» jeweils einmal leicht mit dem Kopf nicken.

13 Dann tanzt es nochmals Ringelreihn,

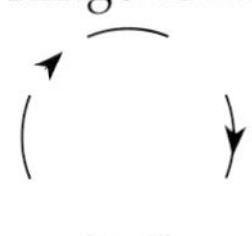

das Mäuselein, dideldideldideldein.

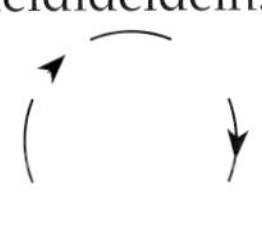

13 Die rechte Hand wie unter 4 beschrieben aufrichten und ab dem Wort «Ringelreihn» mit leichten Tupfern zwei Kreise tanzen (siehe links). Wenn der zweite Kreis zu Ende getanzt ist, mit der rechten Hand das Mauseschnäuzchen bilden.

14 Da macht es: Poch! – Die Maus: fiiiiep!

14 Mit dem linken Zeigefinger bei «Poch!» einmal auf das rechte Knie auftupfen und die linke Hand sofort wieder verschwinden lassen. Bei «Die Maus» das Mäuschen anschauen und bei «fiiiiep!» Zeige- und Mittelfinger des Schnäuzchens leicht anheben und wieder ablegen. Das «fiiiiep» nicht naturalistisch, sondern musikalisch ausführen, mit heller Stimme.

15 flllllitzt – ins Loch!

15 Die rechte Hand in der Schnäuzchenhaltung sehr schnell hinter den Rücken ziehen.

Anmerkung:
Außer einer kleinen grafischen Skizze gab es von Wilma Ellersiek keine Hinweise zu den Handgesten. Anhand dieser Skizze hat die Herausgeberin die Handgesten entwickelt.

Das Mäuselein tanzt Ringelreihn

Raumbewegungsspiel

1 stumme Vorbereitung

1 Die Erzieherin sitzt auf einem Hocker, ihr Kopf ist gesenkt, die Arme sind um den Kopf geschlungen.

2 Aus dem Haus guckt die Maus.

2 Noch in der Haltung von 1 spricht die Erzieherin «Aus dem Haus». Mit dem Wort «guckt» richtet sie ihren Kopf ruckartig auf und legt gleichzeitig beide Hände (sie berühren sich fast) auf Brusthöhe als Pfötchen an den Körper.
Nach einer kurzen Pause fügt sie «die Maus» hinzu.

3 Trippelt – trippelt – trippelt

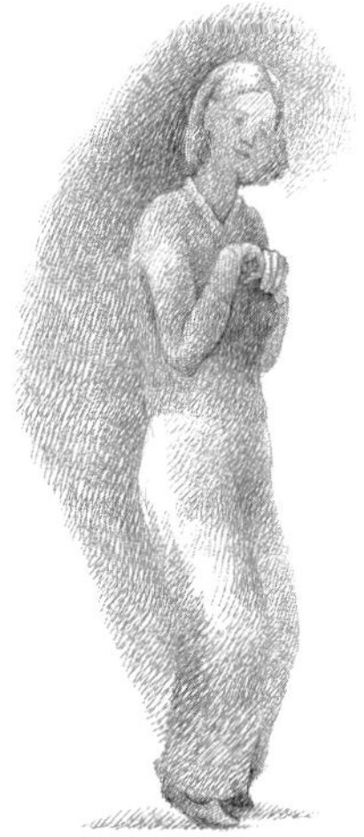

3 Sie steht rasch auf und trippelt mit sehr kleinen Schrittchen auf den Zehen durch den Raum; nach jedem «trippelt» kurz in der Bewegung innehalten und eine neue Richtung einschlagen.

4 sitzt:

4 Mit dem Wort «sitzt» in die Halbhocke heruntergehen.

5 Das Schwänzchen
wippelt – wippelt – wippelt.
auf ab auf

5 In der Halbhocke verweilend, legt die Erzieherin bei dem Wort «Schwänzchen» ihre Hände hinter dem Rücken auf Steißhöhe ineinander und bewegt das «Schwänzchen» aus den Handgelenken auf – ab – auf, jeweils bei «wippelt».

6 Das Mäuselein tanzt Ringelreihn –

6 Die Erzieherin richtet sich zur vollen Größe auf und legt die Hände wieder als Pfötchen an den Körper.

7 didel-didel-didel-dein – didel-didel-didel-dein.

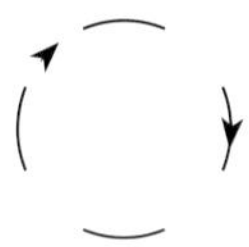

7 Mit Trippelschrittchen auf den Zehen einen Kreis gehen.

8 Trippelt – trippelt – trippelt – sitzt:
Das Schwänzchen wippelt – wippelt – wippelt.

8 Die Bewegungen von 3, 4 und 5 wiederholen.

9 Es tanzt auf seinen Zehenspitzen –
○ ○
Zehen – Zehen – Zehenspitzen.
○ ○ ○ ○

9 Die Erzieherin nimmt wieder die Pfötchenhaltung ein und erhebt sich langsam auf die Zehen, solange sie die Worte «Es tanzt auf seinen» spricht. Dann hebt sie im Wechsel die Beine an (dabei etwas mehr als nötig die Knie beugen), und setzt sehr bewusst die Zehen auf den Boden, jeweils bei «○». Das Tempo eher gemäßigt; je jünger die Kinder sind, desto langsamer muss hier das Vorbild sein.

10 Trippelt – trippelt – trippelt – sitzt:
Das Schwänzchen wippelt – wippelt – wippelt.

10 Die Bewegungen von 3, 4 und 5 wiederholen.

11 Es springt – springt – springt! Springt – springt!	11 Wieder in der Pfötchenhaltung, die Füße ganz geschlossen, holt die Erzieherin durch das Beugen der Knie Schwung und springt mit beiden Beinen gleichzeitig so hoch wie möglich. Sie lässt sich Zeit zwischen jedem Sprung. Trotz der anstrengenden Bewegung muss laut gesprochen werden, um dieses heitere Springen anzuführen.
12 Bleibt sitzen und ruht aus – die kleine Maus.	12 Nach dem letzten Sprung geht die Erzieherin – immer noch in der Pfötchenhaltung – in die Hocke oder in den Fersensitz. Den Kopf hält sie etwas gesenkt. Sie spricht mit ruhiger, dunkler Stimme. So lange in dieser Haltung verweilen, bis die Kinder etwas zur Ruhe gekommen sind.
13 Dann tanzt es nochmal Ringelreihn, das Mäuselein – didel-didel-didel-dein – didel-didel- didel-dein.	13 Jetzt erhebt sich die Erzieherin wieder zum Stand, immer noch in Pfötchenhaltung, und beginnt bei «didel … dein», wie oben bei 7 beschrieben, zu tanzen.
14 Da macht es: Poch! –	14 Unmittelbar ans Tanzen anschließend spricht die Erzieherin schnell und deutlich die Worte «Da macht es», und für das «Poch» tippt sie mit den Zehen eines Fußes laut auf den Boden.
15 Die Maus: fiiiiep flllllitzt – ins Loch.	15 Jetzt ertönt ein helles, lang gezogenes «fiiiiep», danach huscht die Erzieherin, so schnell es ihr möglich ist, in ein Versteck: hinter einen Vorhang, unter einen Tisch ... was sich im Raum anbietet.
16 Ruhequinte (S. 37)	16 Wenn alle Kinder (Mäuse) einige Zeit im Versteck verweilt haben, kommt die Erzieherin aus ihrem Versteck heraus, legt sich auf den Boden und beginnt zu singen: «Es ist genug …».

Ruhequinte

ES IST GE-NUG! ES IST GE-NUG! AL-LE MÄU-SE
GROSS UND KLEIN SIND MÜD' VOM TANZ UND SCHLA-FEN EIN.

Die Katz

Rhythmisch-musikalisches Erzählchen mit Handgesten

Wer schleicht heran mit leiser Tatz?
Das ist: die Katz! Miau!
Sie liegt im warmen Sonnenschein,
ei – ei, – schnurrt – schnurrt – schnurrt,
ei – ei, – schnurrt – schnurrt,
ei, – schnurrt –
und schläft ein. –

Text

1 stumm: – – – –
Z M Z M
Wer schleicht heran mit leiser Tatz?
Z M Z M
stumm: – – – –
Z M Z M

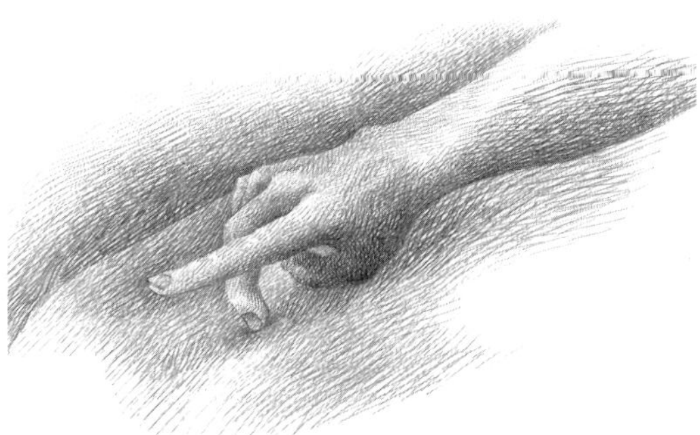

2 Das ist: die Katz!

Bewegungen

1 Die rechte Hand ist die Katze. Für den schleichenden Katzengang die rechte Hand zur Faust einrollen, Zeige- und Mittelfinger leicht gekrümmt aus der Faust herausstrecken und den Daumen auf den eingerollten Ringfinger legen. Die «Katze» schleicht von der rechten Hüfte langsam, aber geschmeidig über den rechten Oberschenkel. Für das Schleichen den Zeige- und den Mittelfinger mit den Fingerkuppen abwechselnd sehr behutsam auf den Schenkel aufsetzen, für jeden Schritt, den die «Katze» macht, den jeweiligen Finger weit vorstrecken, so, als ob die Katze den Boden abtastet. Die ersten vier Schritte macht die «Katze» ohne sprachliche Begleitung, dann die Sprache wie angegeben dem Bewegungsrhythmus anpassen und noch weitere vier Schritte stumm hinzufügen. Jetzt ist die Katze fast am Knie angekommen.

2 Kurz vor dem Knie bleibt die «Katz» stehen, bei «das ist die» macht sie einen Buckel, dafür das rechte Handgelenk so weit wie mög-

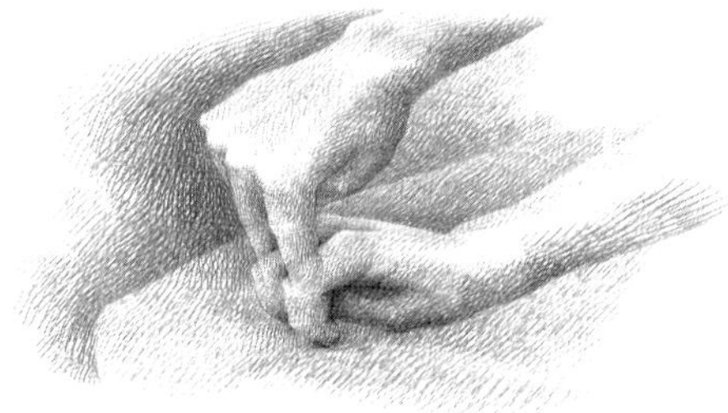

lich hochwölben, ohne dass die «Pfoten» den Schenkel verlassen. Das Hochziehen des Handgelenks setzt sich bis in die Schulter hinauf fort. Bei dem Wort «Katz» die rechte Hand wieder zur lockeren Faust machen und diese und den Unterarm auf dem Oberschenkel ablegen.

3 Miau!

3 Die rechte Faust aus dem fest aufliegenden Handgelenk ein wenig anheben, dazu das «Miau» sprechen und die Faust wieder ablegen, wenn das «… au» erklingt. Den Tierlaut «Miau» unbedingt musikalisch gestalten, keinesfalls naturalistisch!

4 Sie liegt im warmen Sonnenschein,

4 Die Katze liebevoll anschauen. Den Text so sprechen, dass man die warmen Sonnenstrahlen spüren kann!

5 Ei – ei, –

5 Mit der linken Hand bei jedem «ei –» über Faust und den Unterarm bis zum Ellenbogen liebevoll streicheln. Das «ei –» fast singend sprechen. Dann das rechte Ohr in Richtung «Katze» neigen und horchen:

6 schnurrt – schnurrt – schnurrt,
(oder:)
hrrrrrrr – hrrrrrrr – hrrrrrrr,

6 Auf einer Tonhöhe dreimal das «Schnurrt» sprechen. Wer das Zungen-R beherrscht, macht dreimal mit der Zunge das Schnurrgeräusch «hrrrrrr – hrrrrrr – hrrrrrr». Jedes Mal mit einem luftig klingenden «h» das Zungen-R anlauten lassen. Die Lippen sind dabei wie für den Laut «u» zusammengezogen, dadurch bekommt das Schnurren einen schönen dunklen Klang. Wenn man nur mit dem Zungen-R schnurrt, sagt man nach dem dritten Mal: «schnurrt!»

7 ei – ei, – schnurrt – schnurrt,
(hrrrrrrr – hrrrrrrr,)

ei, – schnurrt –
(hrrrrrrrr –)

7 Wie oben bei 6. Nach dem letzten «schnurrt» etwas länger horchen. Bei der Ausführung mit dem Zungen-R nur noch das Geräusch erzeugen und nicht mehr das Wort «schnurrt» aussprechen.

8 und schläft ein. –

8 Die «Katze» anschauen, dann sehr langsam die rechte Faust auf den Kleinfingerrand drehen und dabei das Handgelenk stark abwinkeln, die «Katze» rollt sich zum Schlafen zusammen. Dazu gedehnt sprechen. Bei dem letzten Wort «ein» ruht die Faust bewegungslos auf dem Oberschenkel.
Die Kinder schweigend, aber heiter anschauen und einmal langsam nicken.

Flatter – Flatter

Rhythmisch-musikalisches Handgestenspiel

Flatter – flatter, fli – fla – flatter,
flatter – flatter – Schmetterling –
Flatterling – Flatterling!

Setzt sich nieder auf mein Knie!
Klappt die Flügel aus und ein, aus und ein,
sieh nur, sieh – sieh nur, sieh!

Flatter – flatter, fli – fla – flatter,
flatter – flatter – Schmetterling –
Flatterling – Flatterling!

Setzt sich jetzt auf meine Nas'!
Klappt die Flügel aus und ein, aus und ein.
Hii! Kitzelt das – kitzelt das! –

Flatter – flatter, fli – fla – flatter,
flatter – flatter – Schmetterling –
Flatterling – Flatterling!

Setzt sich auf ein Blümelein!
Klappt die Flügel aus und ein, aus und ein.
Wärmet sich im Sonnenschein. –
Wärmet sich und schläft ein.

Text

1 Flatter – flatter, fli – fla – flatter,

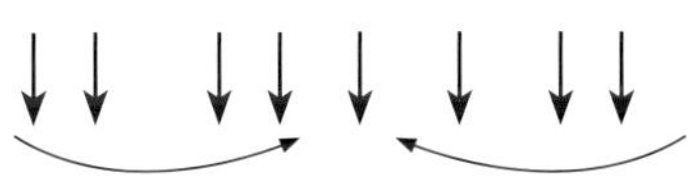

flatter – flatter – Schmetterling –

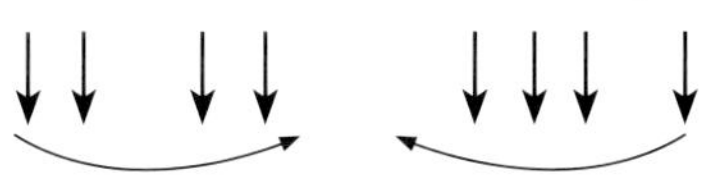

Bewegungen

1 Vor dem Sprechen des Textes kommt der «Schmetterling» (rechte Hand) von hinten in einem Bogen über die Seite nach vorne «geflattert». Ab der Körpermitte wendet der Schmetterling und vollzieht nun in Begleitung des Textes die Flugbögen (siehe links). Für den «Schmetterling» die gestreckten Finger der rechten Hand (Handinnenfläche nach unten) seitlich eng aneinanderlegen, auch den Daumen! Die gestreckten Finger sind die Flügel. Für den Flug die gestreckten Finger alle gleichzeitig nur aus dem Fingergrundgelenk in rascher Folge, dem Sprachrhythmus angepasst, auf- und abbewegen.

2 Flatterling – Flatterling!

2 Der «Schmetterling» fliegt mit vielen Flatterbewegungen den links unter dem Text eingezeichneten geschwungenen Bogen. Die Sprache dazu sehr melodiös gestalten.

3 stumm

3 Mit vielen Flatterbewegungen von rechts außen in einem flachen Bogen zum rechten Knie flattern.

4 Setzt sich nieder auf mein Knie!

4 Kurz über dem Knie dreht sich der «Schmetterling» um (Handinnenfläche zeigt nach oben), die Finger flattern dabei weiter. Mit dem Wort «nieder» setzt sich der Schmetterling etwa eine Handbreit hinter dem Knie mit den Knöcheln auf den Schenkel in der links abgebildeten Handhaltung. Den «Schmetterling» liebevoll anschauen.

5 Klappt die Flügel aus und ein, aus und ein,

sieh nur, sieh – sieh nur, sieh!

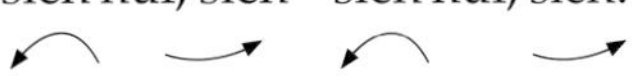

5 Die gestreckten Finger (Schmetterlingsflügel) gleichzeitig herunterklappen, bis sie das Knie berühren und wieder zur Ausgangsstellung hochklappen. Diesen Bewegungsablauf langsam und ruhig ausführen, so wie es die Bögen unter dem Text zeigen.

6 Flatter – flatter, fli – fla – flatter,
flatter – flatter – Schmetterling –
Flatterling – Flatterling!

6 Wie oben bei 1 und 2 ausführen.

7 Setzt sich jetzt auf meine Nas'!

7 Bei «setzt sich» den flatternden «Schmetterling» umdrehen und mit dem Mittelfingerknochen auf den Nasenrücken setzen. Beim Wort «jetzt» wird die stark abgewinkelte Schmetterlingshand still gehalten. (Die abgewinkelte Handinnenfläche ist zum Betrachter gewendet.)

8 Klappt die Flügel aus und ein, aus und ein.

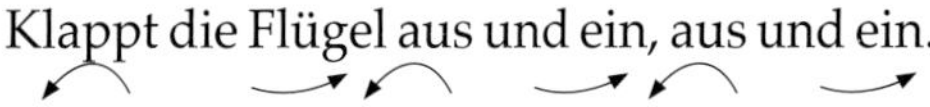

8 Auf das Wort «klappt» die in sich gestreckten und geschlossen gehaltenen Finger, «Flügel» so weit aufklappen, bis die Fingerrückseite die Wange berührt; für das Wort «Flügel» wieder in die abgewinkelte Stellung zurückklappen. Im rhythmischen Wechsel, dem Text gemäß, wie bei 5 beschrieben, fortfahren.

9 Hii! Kitzelt das – kitzelt das! –

9 Bei «Hii!» den «Schmetterling» von der Nase nehmen und bei «kitzelt das!» mit Zeige- und Mittelfinger die Nasenspitze kitzeln.

10 Flatter – flatter, fli – fla – flatter,
flatter – flatter – Schmetterling –
Flatterling – Flatterling!

10 Wie oben bei 1 und 2 ausführen.

11 stumme Bewegung

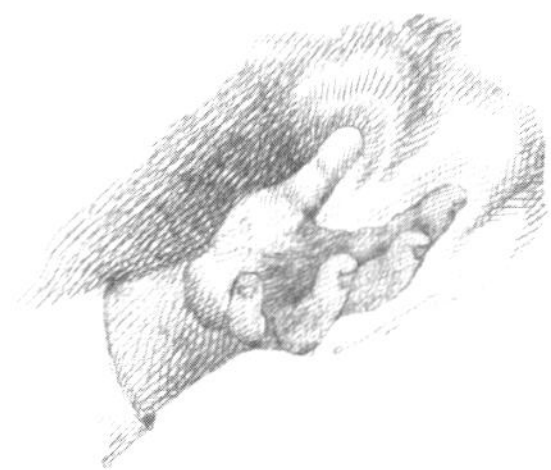

11 Solange der «Schmetterling» ohne Textbegleitung von rechts außen Richtung Körpermitte fliegt, bildet die linke Hand eine Blüte (siehe Abbildung links).

12 Setzt sich auf ein Blümelein!

12 Kurz über dem Blümelein dreht sich der «Schmetterling» wieder um (Handinnenfläche nach oben), um sich mit dem Wort «auf» mit den Knöcheln auf der «Blume» niederzusetzen (siehe Abbildung links).

13 Klappt die Flügel aus und ein, aus und ein.
stumm

13 Mit dem Wort «klappt» beginnt wieder das ruhige Auf- und Zuklappen der «Flügel»; die Bewegung im Rhythmus (durch die Bögen unter dem Text gekennzeichnet) ausführen. Zum Abschluss die Flügel stumm öffnen.

14 Wärmet sich im Sonnenschein. –

14 Der «Schmetterling» bleibt mit geöffneten Flügeln auf der «Blume» sitzen. Eine Weile innehalten, dann fortfahren:

15 Wärmet sich und schläft ein.

15 Die Finger der «Schmetterlingshand» so gestreckt wie möglich hochklappen, bis die Fingerspitzen fast den Daumenballen berühren. Mit heller, aber leiser Stimme das Spiel ausklingen lassen.

Su-su-suu!

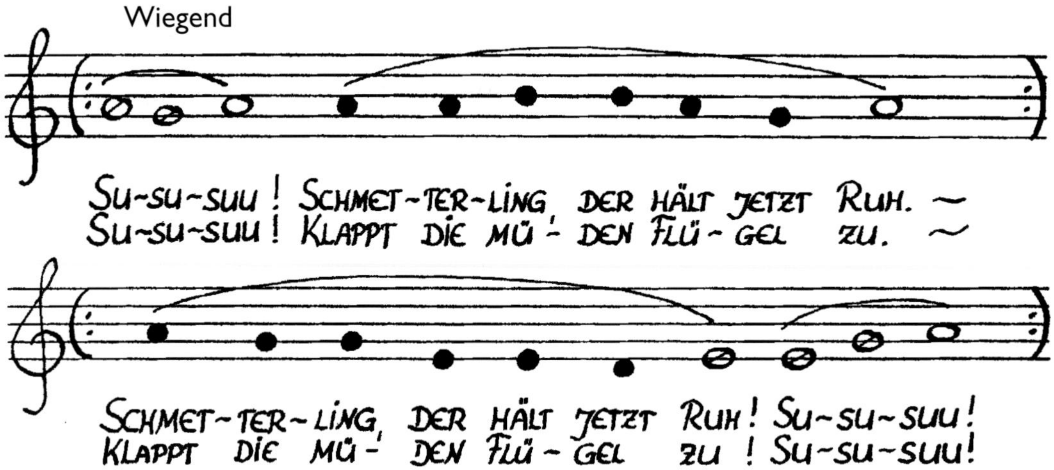

Anmerkung:
Das Spiel ist auch als Körperberührungsspiel gut geeignet. Mutter oder Vater (oder eine sonstige Vertrauensperson) lässt den Schmetterling auf das Knie, die Nase, das Blümelein (rechte Hand des Kindes) fliegen und dort die Flügel aus- und einklappen. Auch die umgekehrte Spielart ist möglich: Das Kind lässt seinen Schmetterling zum Spielpartner fliegen. Der Schmetterling kann natürlich auch andere Körperstellen anfliegen und dort seine Flügel öffnen und schließen. Dazu passt dann folgender Reim: «Klappt die Flügel aus und ein, aus und ein, Schmetterling, so zart und fein.» Der Schmetterling kann natürlich auch auf Gegenstände fliegen. Die Ideen der Kinder nach Möglichkeit mit einbeziehen, selbst wenn sie etwas kurios sind.

Das Vögelein

Rhythmisch-musikalisches Handgestenspiel

Das Vögelein im Nest
schläft ganz fest. –

Kommt der Tag herauf,
wacht es auf!

Zwitschert leis:
ziwitsch-ziwitsch – zitsch-zitsch.
ziwitsch-ziwitsch – zitsch-zitsch.

Fliegt das kleine Vögelein,
fliegt – fliegt – fliegt.
Setzt sich nieder und ruft:
Piiiep – piep – piiiep.
Hab' dich lieb! – Hab' dich lieb!
Weiter fliegt das Vögelein,
fliegt – fliegt – fliegt.
Findet gute Körnerlein!

Pick-pick-pick-pick-pick-pick-peck –
pickt es alle Körner weg.
Pick-pick-pick-pick-pick-pick-peck –
pickt es alle Körner weg.
Weiter fliegt das Vögelein,
fliegt – fliegt – fliegt.
Findet eine Wasserquelle!
Stippt! – Nippt! – Hebt das Köpfchen
mit dem Tröpfchen:
Gluck-gluck-gluck-gluck, rollt es ins
Kröpfchen.

Stippt! – Nippt! – Gluck-gluck-gluck-gluck!
Stippt! – Nippt! – Gluck-gluck-gluck-gluck!
Weiter fliegt das Vögelein,
fliegt – fliegt – fliegt.
Findet einen Ast
und hält Rast.
Für Speis' und Trank singt es Dank:

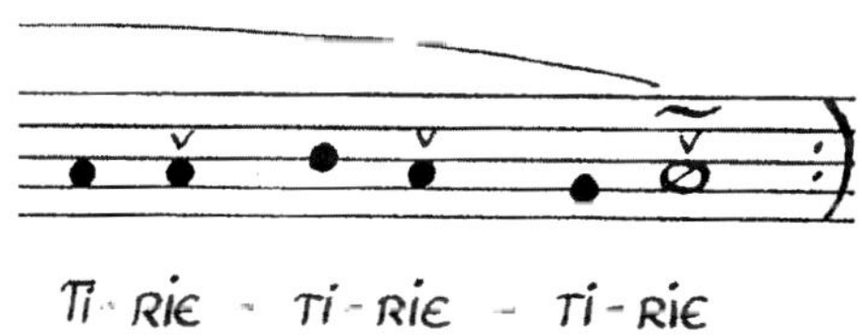

Weiter fliegt das Vögelein,
fliegt – fliegt – fliegt.
Fliegt zurück ins Nest – nach Haus.
Ruhet aus! Ruhet aus!
Steckt's Köpfchen unters Flügelein
und schläft ein. –
Bitten wir den lieben Wind:
«Wiege ein mein Vogelkind.»

Weh' – weh', Wiegewind

Text	Handgesten
1 Das Vögelein	1 Aus der rechten Faust wird der Zeigefinger und der Daumen herausgestreckt, und diese beiden Finger werden mit dem oberen Fingerglied aufeinandergelegt. Sie bilden einen «Schnabel». Die linke Hand ist etwa auf Magenhöhe zu einer Schale geformt, sie zeigt ein «Nest».
2 im Nest	2 Bei «im Nest» setzt man das «Vögelein» (die rechte Hand mit der Schnabelgebärde) in das «Nest» (die linke Hand).

Text	Handgesten
3 schläft ganz fest. –	3 Den Zeigefinger und den Daumen, die den Schnabel bilden, leicht einrollen, so, als ob das «Vöglein» den Schnabel unter die Federn steckt.
4 Kommt der Tag herauf,	4 Das «Nest» (die linke Hand) mit dem «schlafenden Vögelchen» darin etwa auf Brusthöhe anheben.
5 wacht es auf!	5 Zeigefinger und Daumen bilden wieder den «Schnabel», der über den Rand des «Nestes» herausguckt. Siehe die Abbildung oben bei 2.
6 Zwitschert leis: ziwitsch-ziwitsch – zitsch-zitsch. ziwitsch-ziwitsch – zitsch-zitsch.	6 Jeweils bei « < » das «Schnäbelchen» mit einer sehr kleinen Bewegung öffnen und sofort wieder schließen. Die Sprache gut rhythmisieren. Während des Zwitscherns das Vöglein anschauen, dann nachhorchen und die Kinder anlächeln. Danach wieder auf das Vöglein schauen.

7 Fliegt das kleine Vögelein,

fliegt – fliegt – fliegt.

7 Die Nestgeste der linken Hand auflösen. Die rechte Hand verwandelt sich von der Schnabelgebärde zum fliegenden Vogel: Alle Finger strecken und seitlich dicht schließen, auch der Daumen liegt eng an der Hand an. Die Flugbewegung setzt im rechten Handgelenk an und setzt sich geschmeidig durch alle Fingergelenke fort bis in die Fingerspitzen. Die Flugbewegung ist luftig-locker und wird im Sprachrhythmus auf- und abbewegt; während der ersten Textzeile fliegt der Vogel im Bogen nach rechts und während der zweiten Zeile wieder im Bogen zurück zum Ausgangspunkt.

8 Setzt sich nieder und ruft:

8 Die rechte Hand bildet wieder das «Schnäbelchen» und setzt sich mit der Handwurzel dicht hinter das Knie, exakt mit dem Wort «setzt». Das «Vögelein» sitzt einen kurzen Moment, bevor es heißt: «und ruft».

9 Piiep – piep – piiiep.
< < <
Hab' dich lieb! – Hab' dich lieb!
< < ≺ < < ≺

9 Das «Schnäbelchen», zum Betrachter gewendet, im angegebenen Sprachrhythmus öffnen und gleich wieder schließen. «<» ist nur eine kleine Schnabelöffnung, «≺» ist eine größere Öffnung.

10 Weiter fliegt das Vögelein,

fliegt – fliegt – fliegt.

10 Die rechte Hand verwandelt sich wieder von der Schnabelgeste zum fliegenden Vogel, wie oben bei 7 beschrieben. Die Auf-und-ab-Bewegung der Flügel und den Flugweg im Bogen nach rechts und wieder zurück auch hier einhalten.

11 Findet gute Körnerlein!

11 Die rechte Hand bildet wieder ein «Schnäbelchen» und wird bei «findet» mit der Handwurzel auf die Mitte des rechten Oberschenkels aufgesetzt.

12 Pick-pick-pick-pick pick-pick-peck –

pickt es al – le Kör – ner weg.

Pick-pick-pick-pick pick-pick-peck –

pickt es al – le Kör – ner weg.

12 Mit dem «Schnäbelchen» rund um den Platz, an dem sich das Vögelein niedergelassen hat, imaginäre Körnchen aufpicken, indem man mit der «Schnabelspitze» im links angegebenen Sprachrhythmus auf den Oberschenkel tupft. Das Handgelenk wird für die «Pickbewegung» vom Oberschenkel leicht abgehoben.

13 Weiter fliegt das Vögelein,

fliegt – fliegt – fliegt.

13 Die Flugbewegung ausführen, so wie oben bei 7 beschrieben.

14 Findet eine Wasserquelle!

14 Aus der Flugbewegung mit der rechten Hand wieder die «Schnabelgeste» bilden und mit der Handwurzel auf dem Oberschenkel, dieses Mal nah am Körper, das «Vögelein» niedersitzen lassen.

15 Stippt! – Nippt!

< < <

15 Das «Schnäbelchen» wird bei dem Wort «stippt» auf den Oberschenkel getupft, so, als ob man ihn ins Wasser taucht. Auch bei dieser Schnabelbewegung löst sich die Handwurzel vom Oberschenkel, geht aber sehr rasch wieder in die Ausgangsstellung zurück. Bei «Nippt» «sitzt» das «Vögelchen», wie bei 14 beschrieben, auf dem Schenkel, und das «Schnäbelchen» geht in schneller Folge und mit sehr kleinen Bewegungen: auf – zu – auf.

16 Hebt das Köpfchen mit dem Tröpfchen:

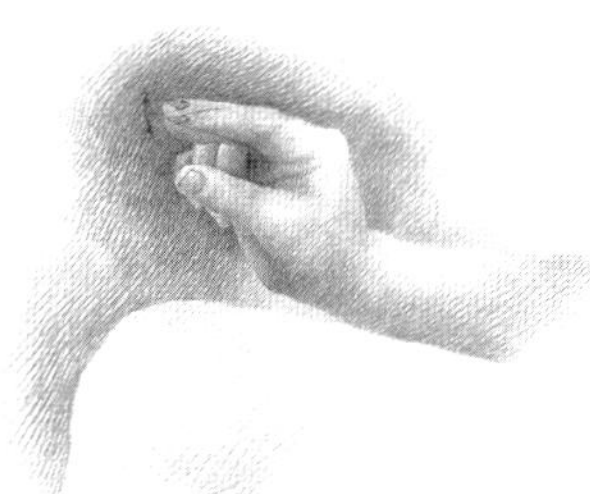

16 Die ganze rechte Hand mit dem leicht geöffneten «Schnäbelchen» aus dem Handgelenk nach hinten kippen (siehe Abbildung links).

17 Gluck-gluck-gluck-gluck
< < < <

rollt es ins Kröpfchen.
< < < < <

17 Die rechte Hand in der zurückgekippten Stellung halten und das «Schnäbelchen» im angegebenen Sprachrhythmus sehr schnell bewegen, dabei aber den «Schnabel» nie ganz schließen, sondern nur annähernd. Der Text muss an dieser Stelle schnell gesprochen werden, die Tonhöhe hell ansetzen und nach unten führen.

18 Stippt! – Nippt!

18 Bewegungsanleitung siehe oben bei 15. Daran anschließend, ohne den Text von 16 zu sprechen, die dort angegebene Bewegung durchführen.

19 Gluck-gluck-gluck-gluck!
< < < <

19 Das «Tröpfchen» mit der kleinen raschen Schnabelbewegung «hinunterschlucken», wie es bei 17 beschrieben ist.

20 Stippt! – Nippt!
Gluck-gluck-gluck-gluck!
< < < <

20 Den Ablauf von 18 und 19 wiederholen.

21 Weiter fliegt das Vögelein,
fliegt – fliegt – fliegt.

21 Bewegungsablauf wie oben bei 7 beschrieben.

22 Findet einen Ast

22 Solange das Vögelchen noch fliegt, die linke Hand zur Faust machen und aus der Faust den Zeigefinger waagerecht herausstrecken. Die Faust etwa auf Brusthöhe vor sich halten, die Daumenseite ist nach oben gedreht, der Handrücken ist also für den Betrachter sichtbar. Dann die rechte Hand wieder zu einem «Schnäbelchen» formen und das «Vögelein» mit der Handwurzel auf den linken Zeigefinger, den «Ast», niedersitzen lassen.

23 und hält Rast.

23 Das Vögelein sitzt ein Weilchen ruhig da und wird liebevoll angeschaut.

24 Für Speis' und Trank
singt es Dank:

24 Das Vögelchen sitzt weiterhin still auf seinem Ast. Während des Sprechens die Kinder ansehen, bei den Worten «Speis'» und «singt» jeweils einmal nicken.

25 Ti–rie–dü–dü! Ti–rie–dü–dü!
Ti–rie–ti–rie–ti–rie.

25 Zu jedem Ton öffnet der Vogel sein Schnäbelchen: erst wenig (•), dann weit ($\overset{\vee}{\bullet}$), immer im Wechsel.

26 Weiter fliegt das Vögelein,
fliegt – fliegt – fliegt.

26 Bewegungsablauf wie oben bei 7 beschrieben.

27 Fliegt zurück ins Nest nach Haus.

27 Solange das «Vögelein» noch fliegt, bildet die linke Hand wieder das Nest (siehe oben bei 1). Bei dem Wort «Nest» schnell die rechte Hand vom fliegenden Vogel zur Schnabelgebärde verwandeln und ins Nest hineinsetzen.

28 Ruhet aus! – Ruhet aus!

28 Das «Vögelein» sitzt geborgen im Nest, nur der «Schnabel» guckt über den Nestrand hinaus. Bei dem Wort «ruhet» nickt die Erzieherin einmal bedächtig mit dem Kopf.

29 Steckt's Köpfchen unters Flügelein
und schläft ein. –

29 Das «Schnäbelchen» unter den Flügel stecken, wie oben bei 3 beschrieben. Eine kleine Pause einhalten.

30 Bitten wir den lieben Wind:
«Wiege ein mein Vogelkind.»

30 Die Erzieherin wendet sich den Kindern zu und wiegt, während sie spricht, das Vogelnest mit dem schlafenden Vogel sanft hin und her. Zum Singen des Liedes übergehen und die Wiegebewegung beibehalten.

Weh' – weh', Wiegewind

Schwingend

Wenn das Lied verklungen ist, noch einen Moment nachhorchen und langsam die Gebärden auflösen. Die Hände dann auf die Oberschenkel legen.
Je nach Alter und Spielsituation kann das lange Handgestenspiel gekürzt werden. Beispielsweise ist es möglich, von Punkt 1 bis 7 zu spielen, dann ein großes Stück zu überspringen und bei Punkt 26 bis zum Ende weiterzuspielen.
Eine weitere Möglichkeit: Von Anfang bis Punkt 7, weiter mit 11, 12 und 13 und dann gleich weiter bei 26 bis Ende. Der Refrain «Weiter fliegt das Vögelein, fliegt, fliegt, fliegt» bietet jeweils die Möglichkeit, die Zwischenteile beliebig einzugliedern.
Es ist günstig, das Lied vom «Kuckuck» und vom «Specht» anzuschließen, ebenso das «Vogelkonzert» mit den verschiedenen Vogelrufen. Diese Lieder und Spiele finden Sie im Band *Handgestenspiele, Reigen und Lieder. Frühjahr/Sommer* von Wilma Ellersiek.

Das Vögelein

Raumbewegungsspiel

Das Raumspiel vom Vögelein eignet sich sehr gut als Anschlussspiel an das Handgestenspiel. Der Beginn kann in verschiedener Weise gestaltet werden:

- Die Kinder sitzen im Fersensitz am Boden oder auf Hockern im Kreis. Das Gesicht wird von den Händen bedeckt oder der Kopf wird vornübergebeugt.
- Die Kinder sitzen frei verteilt im Raum im Fersensitz, Kopfhaltung geneigt, oder mit bedecktem Gesicht.
- Bei wirklich großzügigen Platzverhältnissen kann in einem Teil des Raumes aus dicken Kordeln für jedes Kind ein «Nest» gelegt werden:
  a) Die Kinder sitzen bereits, und die Erzieherin legt die Kordeln um die Kinder herum.
  b) Die Kinder legen selbst die Kordel – sie bauen ihr eigenes «Nest».
  c) Die Erzieherin legt die Kordeln und ruft für jedes Nest ein Vögelein (Name des Kindes) …
  Nicht vergessen: Auch die Erzieherin hat ein Kordelnest!

Welche Ausgangshaltung gewählt wird, hängt von vielen verschiedenen Faktoren ab. Jede Erzieherin muss die für ihre Gruppe und ihre Raumverhältnisse passende Form finden.
Bei diesem Spiel ist das «Fliegen» die absolut vorherrschende Bewegung, daher sollte streng darauf geachtet werden, dass sich die Kinder beim «Fliegen» nicht ins Gehege kommen. Wenn die Raumverhältnisse sehr beengt sind, ist es sinnvoll, das Spiel in zwei Gruppen durchzuführen. «Fliegen» alle gemeinsam auf der Kreisbahn, sind Störfaktoren weitgehend ausgeschlossen. Wenn die räumlichen Verhältnisse es zulassen ist das freie «Umherfliegen» in jedem Falle anzustreben – jedes Kind geht seinen Weg!
Für das Raumbewegungsspiel gilt: Alle Bewegungen muss die Erzieherin deutlich «vorahmen». Ihre Sprache muss kraftvoll tönen. Hören die Kinder die Stimme der Erzieherin nicht mehr, weil sie selbst beim Bewegen jauchzen, kann die Situation außer Kontrolle geraten.
Das Sprechen der Erzieherin muss noch stärker als beim Handgestenspiel zu einem rhythmisch-musikalischen Ereignis werden, damit es impulsierend wirkt. Ihre Stimme soll wie ein «Instrument» erklingen, damit die Sprache als ein Bewegungs- und Klanggeschehen erfahren werden kann und ganz als Gebärde erlebt wird. Nicht Sinngehalt und Sinnbild der Sprache, sondern das sinnlich Erfassbare von Laut, Silbe und Wort soll erlebt werden. Die Bildekraft der Sprache kann so im gesamten Organismus des Kindes wirksam werden.

Text	Bewegungen
1 Das Vögelein im Nest schläft ganz fest. –	1 Alle, Kinder und Erzieher, sitzen in der gewählten Ausgangsposition und halten den Kopf gesenkt oder das Gesicht bedeckt.
2 Kommt der Tag herauf, wacht es auf!	2 Ganz langsam richtet sich die Erzieherin über die Länge des nebenstehenden Textes zum aufrechten Sitzen auf.
3 Zwitschert leis: ziwitsch-ziwitsch – zitsch-zitsch. ziwitsch-ziwitsch – zitsch-zitsch.	3 Mit zarter Stimme beginnt die Erzieherin nun das «ziwitsch-ziwitsch – zitsch-zitsch» sehr melodiös zu sprechen. Nach dem letzten «zitsch» erhebt sie sich zum Stand und bereitet das «Fliegen» vor.
4 Fliegt das kleine Vögelein, fliegt – fliegt – fliegt –	4 Mit zur Seite ausgebreiteten Armen und sehr leichten Schritten (nach Möglichkeit auf den Zehen) «fliegt» die Erzieherin jetzt durch den Raum. Je nach den Platzverhältnissen im Kreis oder auf freiem Weg. Der Bewegungsansatz für die Flugbewegung ist in den Oberarmen, die Unterarme vollziehen die von oben initiierte Bewegung passiv mit. Die Fingerspitzen im Bewusstsein behalten, sonst sieht der «Vogel» flügellahm aus. Für das großmotorische Spiel kann das Wort «fliegt» mehrfach wiederholt werden. Die Kinder sollten gut in die Bewegung eingestiegen sein, bevor sich der «Vogel» niedersetzt.
5 Setzt sich nieder und ruft: Piiiep – piiiep – piiiep, hab' dich lieb! – Hab' dich lieb!	5 Wenn das Fliegen lange genug stattgefunden hat, spricht die Erzieherin laut und deutlich «setzt sich …» und geht selbst an der Stelle, an der sie steht, in die Hocke. Ihre Arme führt sie gestreckt hinter den Rücken und legt den Handrücken der rechten auf die Innenfläche der linken Hand. Die Finger sind geschlossen und ganz gestreckt. Die «Vogelflügel» sind angelegt. In dieser Position verharrend ruft die Erzieherin, heiter um sich schauend, das «Piiiep – piiiep …».

6 Weiter fliegt das Vögelein,
fliegt – fliegt – fliegt –

6 Nach dem «Piiiep-Rufen» erhebt sich die Erzieherin wieder zum Stand und beginnt, wie oben bei 4 beschrieben, durch den Raum zu «fliegen». (Das Wort «fliegt» so oft wiederholen, wie es für die Situation passt.)

7 Findet gute Körnerlein!

7 Mit einem großen «Flügelschlag» «landet» die Erzieherin in der Hocke. Einen «Flügel» legt sie, wie bei 5 beschrieben, auf den Rücken, den anderen Arm nimmt sie auf Brusthöhe vor sich und bildet mit Daumen und Zeigefinger die Schnabelgeste, wie sie im Handgestenspiel bei 1 beschrieben ist.

8 Pick-pick-pick-pick-pick-pick-peck –
pickt es alle Körner weg.
Pick-pick-pick-pick-pick-pick-peck –
pickt es alle Körner weg.

8 Mit der «Schnabelspitze pickt» die Erzieherin jetzt die auf dem Boden liegenden imaginären Körnchen auf. Der Textablauf kann wiederholt werden.

9 Weiter fliegt das Vögelein,
fliegt – fliegt – fliegt –

9 Nachdem das letzte Körnchen aufgepickt ist, löst die Erzieherin die Schnabel-Handgeste wieder auf, erhebt sich zum Stand und «fliegt», wie oben bei 4 beschrieben, weiter.

10 Findet eine Wasserquelle!

10 An einer anderen Stelle im Raum als da, wo die Körner lagen, «landet» die Erzieherin wieder mit einem großen «Flügelschlag» in der Hocke. Einen Arm legt sie wieder als Flügel auf den Rücken, mit der Hand des anderen Armes bildet sie wieder die Schnabelgeste.

11 Stippt! – Nippt!
Hebt das Köpfen mit dem Tröpfchen:
Gluck-gluck-gluck-gluck
rollt es ins Kröpfchen.

Stippt! – Nippt!
Gluck-gluck-gluck-gluck!
Stippt! – Nippt!
Gluck-gluck-gluck-gluck!

11 Den gesamten Ablauf des Trinkens mit der Schnabelgeste am Boden ausführen. Die feinen Bewegungen, die der Schnabel auszuführen hat, sind im Handgestenspiel auf Seite 49f. von Punkt 15 bis 20 beschrieben.

12 Weiter fliegt das Vögelein,
fliegt – fliegt – fliegt –

12 Die Handgeste auflösen, zum Stand kommen und wie oben bei 4 «fliegen».

13 Findet einen Ast
und hält Rast.

13 Ideal wäre es, wenn am Rand des Raumes niedrige Bänkchen, niedrige Hocker oder Schemel oder niedrige Tische stünden, denn eines dieser Möbel könnte dann der «Ast» sein, auf den der Vogel fliegt. Natürlich sollten so viele «Äste» vorhanden sein wie Kinder, damit jedes «Vögelchen» einen Ast finden kann.
Die Erzieherin «landet» auf einem Ast (notfalls einfach auf dem Boden) und legt dieses Mal beide «Flügel» auf den Rücken. Wenn alle Kinder ihren «Ast» gefunden haben, spricht die Erzieherin «und hält Rast.»

14 Für Speis' und Trank
singt es Dank.

14 In der Hockhaltung mit «angelegten Flügeln» spricht und singt die Erzieherin die Dankesworte.

16 Fliegt zurück ins Nest nach Haus.

16 Die Erzieherin «fliegt» nun ihr «Nest» an, also den Ausgangsplatz des Spiels. Stehend wiederholt sie den Text so lange, bis auch der letzte «Vogel» sein «Nest» gefunden hat. Dann setzt sie sich bequem ins Nest hinein.

17 Ruhet aus! – Ruhet aus!

17 Mit leiser und dunkler Stimme spricht die Erzieherin das «Ruhet aus».

18 Steckt's Köpfchen unters Flügelein
und schläft ein. –

Bitten wir den lieben Wind:
«Wiege ein mein Vogelkind.»

18 Wie zu Beginn, legt die Erzieherin jetzt ihre Arme um den Kopf oder bedeckt mit ihren Händen das Gesicht. In dieser Haltung bittet sie nun den «Wiegewind» herbei. Dann beginnt sie leise das Weh-weh-Wiegewind-Lied zu singen.
Dabei wiegt sie sich sehr leicht hin und her.

Spielabschluss:
Die Erzieherin lässt das Lied ausklingen. Sollten die Kinder noch nicht gut zur Ruhe gekommen sein, kann sie die gesummte letzte Zeile noch ein- bis zweimal wiederholen. Dann, wenn möglich, einen Moment still weiterwiegen. Danach löst die Erzieherin die «Schlafhaltung» auf, richtet sich zum aufrechten Sitz auf und sagt:

Ausgeruht,
Das tat gut.
Ein Vögelein zu sein war fein,
jetzt wollen wir wieder Kinder sein.

Hoppel-hopp!

Rhythmisch-musikalisches Handgestenspiel

Hoppel-hopp! durch das Gras!
Hoppel-hopp! springt der Has'.
Schnuppert – schnuppert mit der Nas'.
Spitzt die Ohren!
Wackelt mit dem Schwanz.
Trallala – macht einen Tanz.
Trallala – hopsassa – hopsassa.
Tralla – lalla – lalla – la.
Hoppelt: hoppel-hopp nach Haus.
Hoppel-hopp – hoppel-hopp.
Hopsassa! Das Spiel ist aus.

Text	Handgesten
1 Hoppel-hopp! – durch das Gras! – ↑ ↓ ↑ ↓ ↑ ↓ ↑ ↓ Hoppel-hopp! – springt der Has'. – ↑ ↓ ↑ ↓ ↑ ↓ ↑ ↓ 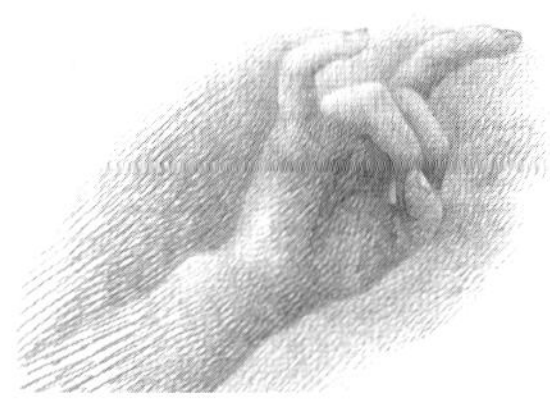	1 Die rechte Hand ist der Hase. Dazu den Zeigefinger und den kleinen Finger als Ohren hochstrecken. Mittel- und Ringfinger sind locker eingerollt. Der Daumen ruht locker auf den obersten Fingergelenken der beiden eingerollten Finger. Der «Hase» «sitzt» an der rechten Hüfte, von dort hoppelt er mit einer gleichmäßigen, dem Sprachrhythmus angepassten Auf-Ab-Bewegung in Richtung Knie.
2 Schnuppert – schnuppert mit der Nas'.	2 Die Hasengeste beibehalten und die Fingerkuppen vom Mittel- und Ringfinger der rechten Hand zur Daumenkuppe schieben und dort mit einer winzigen Bewegung hin- und herschieben.
3 Spitzt die Ohren!	3 Den Zeigefinger und den kleinen Finger ganz strecken, der «Hase horcht» eine Weile.

4 Wackelt mit dem Schwanz. – –

⇅ ⇅ ⇅ ⇅ ⇅ ⇅ ⇅

4 Den linken Handrücken als «Schwanz» auf das rechte Handgelenk legen (siehe Abbildung). Die rechte Hand behält die Hasengeste bei (siehe oben bei 1). Für das «Schwanzwackeln» die locker gebogenen Finger im Sprachrhythmus (mit Pfeilen gekennzeichnet) auf- und abwippen lassen. Danach die linke Hand wieder wegnehmen.

5 Trallala – macht einen Tanz. Trallala –

5 Den «Hasen» etwas höher halten und ihn zusammen mit dem Unterarm aus dem Ellenbogengelenk dreimal leicht hin- und herdrehen.

6 hopsassa – hopsassa.

↑ ↓ ↑ ↓

6 Der «Hase» springt, wie mit den Pfeilen unter dem Text angegeben, zweimal lebhaft herauf und herunter.

7 Tralla-lalla – lalla-la.

7 Der «Hase» dreht sich wieder, wie oben bei 5 beschrieben, hier aber nur zweimal.

8 Hoppelt: hoppel-hopp nach Haus. –

↑ ↓ ↑ ↓ ↑ ↓ ↑ ↓

Hoppel-hopp – hoppel-hopp –

↑ ↓ ↑ ↓ ↑ ↓ ↑ ↓

8 Der «Hase» hoppelt, wie es oben bei 1 beschrieben ist, mit leichter Auf-Ab-Bewegung im Sprachrhythmus, von der Körpermitte nach rechts außen.

9 Hopsassa!

↑

9 Mit einem letzten lebhaften, recht hohen Sprung bei «Hopp…» verabschiedet sich der Hase und verschwindet bei «…sassa» mit einer schwungvollen Bewegung hinter dem Rücken.

10 Das Spiel ist aus.

10 Bevor der letzte Satz «Das Spiel ist aus» gesprochen wird, ein Weilchen warten, dabei die Kinder lächelnd anschauen. Dann den Satz sprechen und bei dem Wort «aus» einmal betont nicken.

Hoppel-hopp!

Raumbewegungsspiel

Text

1 Hoppel-hopp! – durch das Gras! –
•   •   •   •

Hoppel-hopp! – springt der Has'. –
•   •   •   •

2 Schnuppert – schnuppert mit der Nas'. –
‿   ‿   ‿   ‿

Gebärden

1 Die Erzieherin steht für die Ausgangshaltung mit leicht gebeugten Knien und an die Brust gelegten Händen als Pfötchen da und springt gleichzeitig mit beiden Füßen. Die Sprünge nach Möglichkeit auf den Zehen ausführen und nach jedem Sprung gut nachfedern. Die Auf-Ab-Bewegung ist wichtiger als die Vorwärtsbewegung. Jeweils bei «•» sind die Füße (Zehen) am Boden.
Sprachrhythmus:

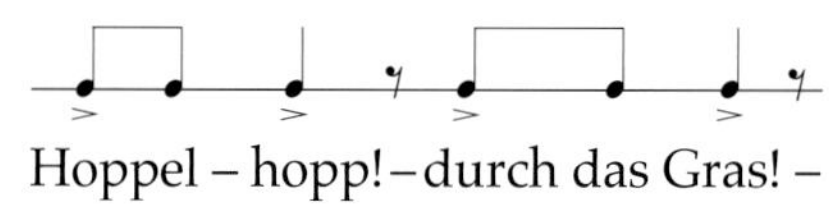

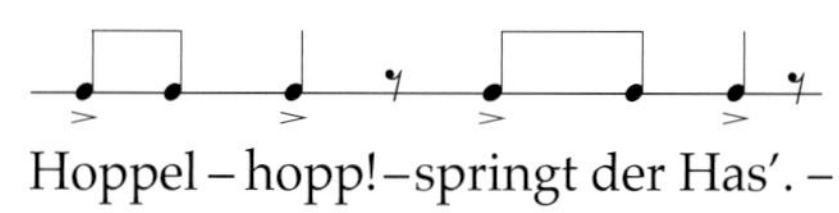

2 Nach dem Springen mit den Beinen in der Ausgangshaltung verweilen, die Pfötchengeste auflösen. Die Hände mit den Handinnenflächen zueinanderdrehen, die Handwurzeln aneinanderlegen. Die Fingerspitzen der rechten Hand auf die Fingernägel der linken Hand legen. Dann die sich seitlich berührenden Daumen mit den Fingernägeln auf die Oberlippe legen. Die beiden Zeigefinger liegen auf dem Nasenrücken, knapp oberhalb der Nasenspitze, auf. Mit dem Sprachrhythmus die auf der Nase liegenden Finger leicht pulsierend bewegen, der «Hase schnuppert».

3 Spitzt die Ohren!

3 Die Hände von der Nase an die Stirn führen und mit den Handgelenken exakt bei dem Wort «spitzt …» als Ohren mit gestreckten, seitlich geschlossenen Fingern an die Stirnhöcker anlegen, die Handinnenflächen sind zum Betrachter gewendet. Nach dem Sprechen des Satzes «Spitzt die Ohren!» sich einmal leicht nach links und rechts drehen, der «Hase horcht».

4 Wackelt mit dem Schwanz. – –
⇅ ⇅ ⇅ ⇅ ⇅ ⇅ ⇅

4 Die Ohrengeste auflösen und die Hände hinter den Rücken führen. Dann die Hände mit dem Handrücken auf Steißbeinhöhe an den Rücken anlegen. Alle Finger sind leicht eingerollt, und die Daumen berühren sich. Im angegebenen Sprachrhythmus mit den Fingern «das Schwänzchen» leicht auf- und abwippen lassen.

5 Tralla-la! Tralla-la!
r l r l
Tralla-la macht einen Tanz:
r l r l
Tralla-la! Tralla-la!
r l r l
Tralla-la macht einen Tanz.
r l r l

5 Die Arme und die Hände so weit erheben, dass die angewinkelten Ellenbogen etwa auf Kopfhöhe sind. Die Finger bleiben als «Pfötchen» abgeklappt. Gleichzeitig mit dem Erheben der Arme werden die Knie gestreckt, also zum aufrechten Stehen kommen (siehe Abbildung links). Dann im angegebenen Rhythmus abwechselnd mit dem rechten und dem linken Bein einen im Knie nachfedernden Schritt ausführen, dabei gleichzeitig das jeweils unbelastete Bein vom Knie her hochziehen. Die Bewegung ist also ein freudiges Hin- und Herwackeln. Mit den insgesamt sechzehn «Tanzschritten» hat sich der «Hase» einmal um sich selbst gedreht.

6 Hopsassa – hopsassa
hopsassa – hopsassa!

6 Jeweils auf die Silbe «Hopp….» macht der «Hase» einen hohen Sprung. Damit der Sprung auch wirklich hoch wird, muss die Erzieherin kräftig mit den Armen nachhelfen, die Arme werden fast hochgerissen. Wenn die Füße wieder auf dem Boden aufkommen, unbedingt in den Knien gut nachfedern. Dazu dann ein gedehntes «…sassaaaaa» sprechen. Für jeden Sprung nimmt sich der «Hase» viel Zeit.

7 Hoppelt: hoppel-hopp nach Haus. –
• • • • •

hoppel-hopp – hoppel-hopp. –
• • • • •

7 Bei dem Wort «Hoppelt» stellt sich die Erzieherin wieder in die Hasen-Ausgangshaltung, wie sie oben bei 1 beschrieben ist. Der «Hase hoppelt» wieder im angegebenen Sprachrhythmus und mit der ebenfalls unter 1 beschriebenen Hüpfbewegung. Je nach Raumgröße kann es sein, dass das «hoppel-hop» noch einige Male wiederholt gesprochen und gesprungen werden muss, bis alle «Hasen» «zu Hause» angekommen sind. Meistens ist die Erzieherin schon an ihrem Platz angekommen, nicht aber alle Kinder. In diesem Fall spricht sie das «hoppel-hopp» so lange weiter, bis das letzte Kind auch an seinem Platz angekommen ist.

8 Hopsassa – hopsassa –
hopsassa.

8 Die Erzieherin macht noch drei hohe Sprünge, wie sie unter 6 beschrieben sind. Nach Möglichkeit nur platzgebunden hochspringen. Nach dem letzten Sprung, ohne in den Knien nachzufedern, sofort in die Hocke heruntergehen, eventuell das Gesicht mit den Händen bedecken und eine Weile ganz still sitzen.*

9 Das Spiel ist aus!

9 Dann ruft die Erzieherin mit heller, heiterer Stimme: «Das Spiel ist aus!» Danach erhebt sie sich aus der Hocke. Das Spiel kann wiederholt werden, aber nicht öfter als zweimal.

* Soll das Spiel wiederholt werden, bleibt Punkt 9 weg.
Erst beim Spielabschluss Punkt 9 anfügen.

Hasenspiel: Mucksmäuschenstill!

Rhythmisch-musikalisches Raumbewegungsspiel

Im Grase sitzt ein Hase –
schnuppert mit der Nase –
spitzt die Ohren – wackelt mit dem Schwanz
und macht einen Tanz:

Hopsa-hopsa!
Hopsassa! – Hopsassa! – Hopsassa!
Hopsa-hopsa! Trallala! – Trallala! – Trallala!
Hopsa-hopsa!
Hopsassa! – Hopsassa! – Hopsassa!
Hopsa-hopsa! Trallala! – Trallala! – Trallala!

Spitzt die Ohren – horcht – springt weg:
hoppe-hoppe ins Versteck! – Sitzt ganz still. –
Mit seinen großen, langen Ohren hört er,
dass der Fuchs kommen will.
Sitzt mucksmäuschenstill –
ganz mucksmäuschenstill. –

Er horcht – er guckt – kein Fuchs mehr da.
Der Hase ist allein – hurra!

Sitzt wieder im Grase –
schnuppert mit der Nase –
spitzt die Ohren – wackelt mit dem Schwanz
und macht einen Tanz:

Hopsa-hopsa!
Hopsassa! – Hopsassa! – Hopsassa!
Hopsa-hopsa! Trallala! – Trallala! – Trallala!
Hopsa-hopsa!
Hopsassa! – Hopsassa! – Hopsassa!
Hopsa-hopsa! Trallala! – Trallala! – Trallala!

Ausklang:
Legt sich ins weiche Gras hinein,
ruhet aus im Sonnenschein.
Kommt ein sanfter Wind herzu,
singt fürs Häslein ein «Su-suu»!

Das Wind-su-su
Ruhig strömend und schwingend

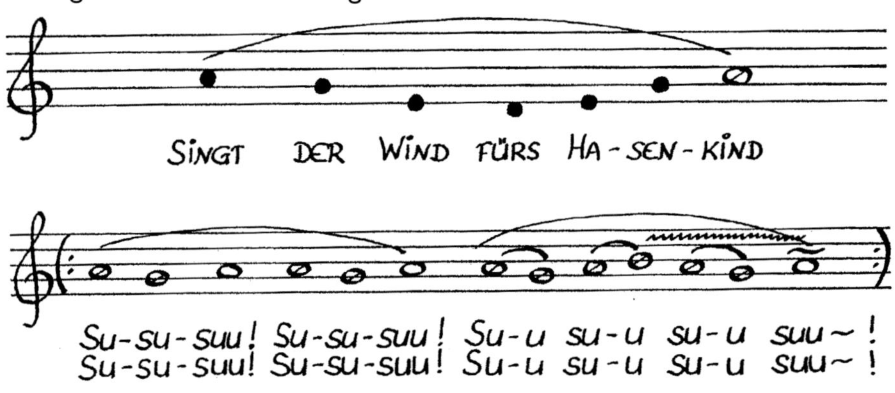

Das Hasenspiel kann durch weitere Spielgestalten verlängert werden. Es kann außer dem Fuchs auch ein Hund oder ein Jäger kommen, es kann auch nur der Jäger oder nur der Hund kommen oder alle drei. Der Spielablauf bleibt immer gleich, nur der Name der jeweiligen Gestalt wird entsprechend verändert. Der Ausklang wird erst gespielt, wenn niemand mehr kommt.
Das Raumbewegungsspiel «Mucksmäuschenstill» kann in einem sehr weit gestellten Hockerkreis durchgeführt werden. Speziell für jüngere Kinder bietet das Spielen im Hockerkreis mehr Geborgenheit als das Spielen im ganzen Raum. Sollte also ein Hockerkreis bestehen, dann stellt sich die Erzieherin zu Beginn des Spiels vor ihren Hocker und nimmt die unter 1 beschriebene «Hasenhaltung» ein.

Text	Gebärden
1 In dem Grase sitzt ein Hase –	1 Die Erzieherin steht mit leicht gebeugten Knien da. Die Hände mit nach unten gerichteten Handinnenflächen und locker hängenden Fingern an der Brust als «Pfötchen» anlegen. Ein Weilchen in dieser Haltung bleiben. Wem es nicht zu anstrengend ist, kann man für die Hasen-Grundhaltung ganz in die Hocke gehen und die Hände ebenfalls als Pfötchen an die Brust angelegt halten.
2 schnuppert mit der Na – se – 	2 In der Hasen-Ausgangsstellung (Halbhocke oder Hocke) verweilen, jetzt aber die Hände mit den Handinnenflächen zueinanderdrehen, die Handwurzeln aneinanderlegen. Die Fingerspitzen der rechten Hand auf die Fingernägel der linken Hand legen. Dann die sich seitlich berührenden Daumen mit den Fingernägeln auf die Oberlippe legen. Die beiden Zeigefinger liegen auf dem Nasenrücken, knapp oberhalb der Nasenspitze, auf. Mit dem Sprachrhythmus die auf der Nase liegenden Finger leicht pulsierend bewegen, der «Hase schnuppert».
3 spitzt die Ohren –	3 Immer noch in der Hasen-Grundhaltung bleiben, die «Schnuppernase» auflösen, dafür die Hände mit den Innenflächen zum

Betrachter gewendet, die Finger geschlossen und langgestreckt, seitlich vorne an den Kopf als Ohren anlegen. (Wenn jüngere Kinder die «Ohren» tiefer anlegen, nicht korrigieren.) Ein Weilchen in dieser Geste verweilen.

4 wackelt mit dem Schwanz – –

⇅ ⇅ ⇅ ⇅ ⇅ ⇅ ⇅

4 Die Hände hinter den Rücken führen. Dann die Hände mit der Handoberfläche auf Steißbeinhöhe an den Rücken anlegen. Alle Finger sind leicht eingerollt, und die Daumen berühren sich. Im angegebenen Sprachrhythmus mit den Fingern das «Schwänzchen» leicht auf- und abwippen lassen.

5 und macht einen Tanz:

5 Die Arme und die Hände so weit erheben, dass die angewinkelten Ellenbogen etwa auf Kopfhöhe sind. Gleichzeitig mit dem Erheben der Arme werden die Knie gestreckt (siehe Abbildung links).

6 Hopsa-hopsa!

6 Dann für das erste «Hopsa» das Gewicht auf das rechte Bein verlagern und einen kleinen Hopser andeuten, gleichzeitig das linke Bein vom Knie her hochziehen. Das zweite «hopsa» gegengleich, also auf dem linken Bein hüpfend, ausführen; sofort, noch im gleichen Atemzug, fortfahren mit 7.

7 Hopsassa! – Hopsassa! – Hopsassa!

7 Jetzt die Füße nebeneinanderstellen, die Arme erhoben lassen, so wie bei 5 und 6 beschrieben. Bei jedem «Hopsassa» je einen Sprung mit beiden Füßen gleichzeitig aus-

führen: Bei «Hop...» stark abfedern, bei «...sas...» ist der «Hase» in der Luft, und bei «...sa!» kommt er wieder auf dem Boden an. Den Sprung mit den erhobenen «Pfoten» unterstützen und in den Knien nachfedern.

8 Hopsa-hopsa!

8 Den Sprung auf einem Bein wiederholen, so wie bei 6 (siehe oben) beschrieben.

9 Trallala! – Trallala! – Trallala!
r l r l r l

9 Der «Hase» dreht sich mit erhobenen «Pfoten» während der Dauer der drei «Tralalla» einmal um sich selbst. Jeweils beim ersten «a» in «Tralalla» den rechten Fuß aufsetzen und jeweils beim letzten «a» den linken, dabei jeweils das Knie des unbelasteten Beins anheben.

10 Hopsa-hopsa!
Hopsassa! – Hopsassa! – Hopsassa!
Hopsa-hopsa!
Tralalla! – Tralalla! – Tralalla!

10 Das «Hasentänzchen» wiederholen, so wie es von 6 bis 9 beschrieben ist.

11 Spitzt die Ohren –

11 Der «Hase» geht wieder in die Halbhocke oder ganz in die Hocke und legt die Hände als «Hasenohren» an den Kopf, so wie es oben bei 3 beschrieben ist.

12 horcht –

12 Den Kopf nach allen Seiten drehen und konzentriert «horchen». Die Erzieherin muss hier aufpassen, dass das Horchen nicht ein Sehen wird. Wir Menschen neigen sehr dazu, statt die Ohren zu öffnen, mit übergroßen Augen um uns zu sehen; das kann sensible Kinder in Angst versetzen.

13 springt weg:

13 Der «Hase» richtet sich wieder auf und legt die Hände als «Pfötchen» an die Brust.

14 Hoppe-hoppe –

14 Mit zwei (oder mehr) großen Sprüngen in den Raum hinein hüpfen, die Füße bleiben dabei geschlossen.

15 ins Versteck!

15 Bei dem Wort «Versteck» kauert sich der «Hase» hinter einen Stuhl, Vorhang oder Tisch. Falls man das Spiel im Freien spielt, kauert er sich in eine Bodenvertiefung, hinter einen großen Stein oder einen Busch. Die Körperhaltung: In den tiefen Fersensitz gehen und dabei den Oberkörper so weit nach vorn herunterneigen, bis er auf den Oberschenkeln aufliegt. Das Kinn kommt zwischen die Knie. Die Hände sind wieder an die Stirn als «Hasenohren» angelegt. Die Ellenbogen liegen außen an den Knien an. Der «Hase» macht sich so klein wie möglich.

16 Sitzt ganz still. –

16 In der geduckten Haltung sitzen bleiben.

17 Mit seinen großen, langen Ohren

17 Den Kopf und den Oberkörper etwas anheben und die Hände und Finger (als Ohren) noch einmal besonders strecken.

18 hört er,

18 Die Hände, die eben noch als Hasenohren an die Stirn angelegt waren, jetzt hinter die tatsächlichen Ohren herunternehmen, «damit man besser hören kann».

19 dass der Fuchs kommen will.

stumme Bewegung:

19 Die Erzieherin bleibt im tiefen Fersensitz, sollte jetzt allerdings von den Kindern gut gesehen werden. Sie schlüpft jetzt in die Rolle eines Fuchses. Dazu den Mittel- und den Ringfinger der rechten Hand gestreckt mit den mittleren Fingergliedern auf das obere Fingerglied des rechten, ebenfalls gestreckten Daumens legen. Auch der Zeigefinger und der kleine Finger sind gestreckt und

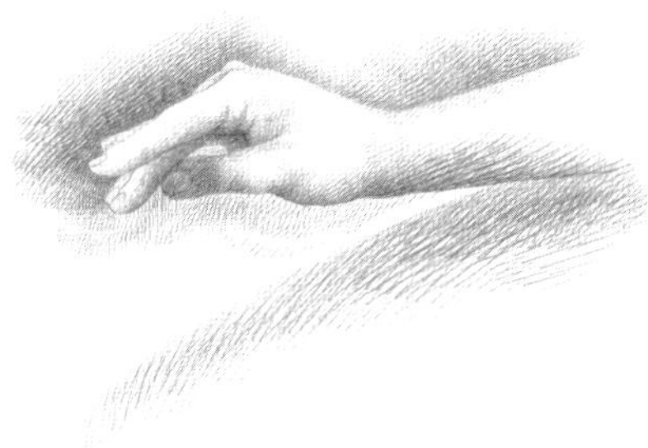

werden leicht angehoben, sodass sie mit den vordersten Fingergliedern als «Fuchsohren» etwas über die «Schnauze», die von Mittel- und Ringfinger gebildet wird, darüberstehen. Der «Fuchs» schleicht nun langsam, von der rechten Hüfte kommend, seitlich neben dem Oberschenkel, vorn um die Knie herum und wieder seitlich am linken Oberschenkel entlang herum, nicht weiter als bis zur Mitte des Oberschenkels. Das Schleichen des Fuchses geschieht stumm.

20 Sitzt mucksmäuschenstill –
ganz mucksmäuschenstill. –

20 Die Erzieherin schlüpft schnell wieder in die Rolle des Hasen und hockt sich erneut in die unter 15 beschriebene ganz geduckte Haltung.

21 Er horcht –

21 Die Hände wieder hinter die Ohren nehmen, wie oben bei 18 beschrieben, gleichzeitig den Kopf anheben und wieder nach allen Seiten horchen.

22 er guckt –

22 Jetzt nimmt die Erzieherin die Hände als «Pfötchen» an die Brust, kommt langsam zum Stand und schaut stets mit höchster Aufmerksamkeit nach links und rechts. Der «Hase» kann während des Schauens einige vorsichtige Schritte in den Raum machen.

23 kein Fuchs mehr da.

23 Der «Hase» schaut geradeaus und bewegt den Kopf verneinend hin und her, dabei bleiben die Pfötchen angelegt.

24 Der Hase ist allein –

24 In der gleichen Haltung wie bei 23 beschrieben bleiben, aber jetzt freudig mit dem Kopf nicken.

25 hurra!

25 Der «Hase» macht mit hochgestreckten Armen einen Luftsprung. Danach geht der «Hase» in die unter 1 beschriebene Haltung.

26 Sitzt wieder im Grase –
schnuppert mit der Nase –

26 Haltung und Bewegungen siehe oben bei 1 und 2.

Hinweis:
Soll das Spiel mit dem Hund und / oder dem Jäger erweitert werden, folgt nach Punkt 26 der ganze Ablauf von Punkt 3 bis 18 (einschließlich der Wiederholung des Tänzchens von 6 bis 9). Text und Bewegungen exakt wiederholen. Ab 19 heißt der Text wie folgt:

19a hört er:
wau – wau – wau-wau – wau

dass der Hund kommen will.

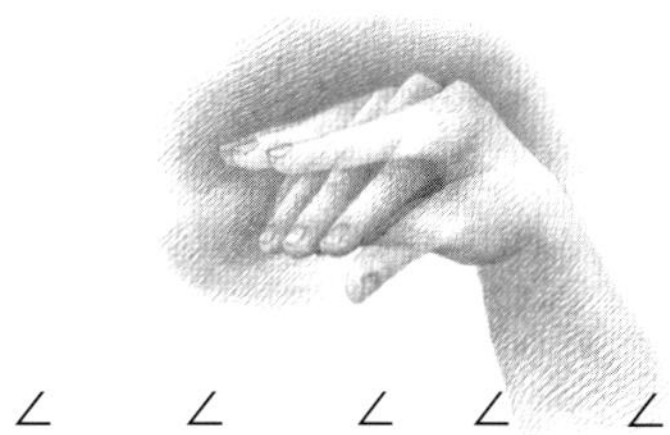

19a Bei «hört er» nimmt die Erzieherin beide Hände hinter die Ohren, wie es oben bei 18 beschrieben ist. Für den «Hund» legt sie alle Finger der rechten Hand gestreckt und geschlossen auf das obere Fingerglied des ebenfalls gestreckten Daumens. Bei«wau» entfernen sich die Finger (immer noch geschlossen und gestreckt) vom Daumen, das Hundemaul öffnet sich und schließt sich auch gleich wieder. Die Bewegung im Rhythmus des Bellens ausführen. Nach dem Bellen den Hund anschauen.

Jetzt fortfahren wie oben bei 20 bis 26 beschrieben. Für den Jäger lautet der Text:

19b hört er, dass der Jäger kommen will.

19b Bei «hört er» wiederum die Hände hinter die Ohren legen (siehe oben bei 18). Für den Jäger bildet jede Hand mit Daumen und Zeigefinger einen Kreis, alle anderen Finger werden eng aneinander angelegt. Die Hände an die Augen führen und wie durch ein Fernglas hindurchschauen.

Ab hier weiterspielen wie oben ab 20 bis 26. Wenn das Spiel abgeschlossen werden soll, folgt nach Punkt 26 der Ausklang.

Ausklang:

27 Legt (hockt) sich ins weiche Gras hinein,
ruhet aus im Sonnenschein.
Kommt ein sanfter Wind herzu,
singt fürs Häslein ein «Su-suu»!

27 Das Ausruhen kann in verschiedenen Stellungen geschehen:
Wenn im Hockerkreis gespielt wurde, setzen sich alle «Häschen» auf ihren Hocker; anstelle von «legt» sagt man dann «hockt». Wurde das Spiel frei im Raum gespielt, legen sich die «Häschen» auf den Boden. Die Erzieherin hockt oder legt sich ebenfalls hin und singt leise das Wind-su-su. Eine schöne Variante zum Singen ist es, wenn die Erzieherin mit einem Fächer aus Riedgras (oder einem anderen schönen Material) von Kind zu Kind geht und ihm sanft einen zarten Wind zufächelt. Die Kinder genießen den leichten Luftstrom und kommen durch die umgebende Stille sehr schön zur Ruhe.

Das Wind-su-su

Ruhig strömend und schwingend

Das Fischlein

Rhythmisch-musikalisches Erzählchen

Im Bächlein hell und frisch,
da schwimmt ein kleiner Fisch!

Schwimmt – schwimmt – schwimmt,
Springt – taucht – spaddelt
und ruht.

Schwimmt – schwimmt – schwimmt,
springt – taucht – spaddelt
und ruht.

Lässt sich schaukeln von der Flut.
Schaukeln – schaukeln – schaukeln.

Text	Bewegungen
1 Im Bächlein hell und frisch,	1 Die Hände mit lockeren Fingern waagrecht nebeneinanderhalten, die Handinnenflächen nach unten gerichtet in Wellenbewegungen von links seitlich neben den Schenkeln beginnen, vor den Knien entlang auf die rechte Seite führen.
2 da schwimmt ein kleiner Fisch!	2 Die rechte Hand ist der «Fisch»: Sie wird mit langgestreckten, geschlossenen Fingern rechts neben der Hüfte positioniert. Von dort schwimmt der «Fisch» am rechten Schenkel entlang in einer Schlangenlinie bis vor die Knie. Die «Fischhand» muss während des Schwimmens ebenso elastisch sein wie der Körper einer kleinen Forelle. Die Finger beugen und strecken sich während des Schlängelns ganz leicht, gleichzeitig führt der Unterarm eine leichte Drehbewegung und eine leichte Auf-ab-Bewegung aus. Die Finger führen die Schwimmbewegung an.
3 Schwimmt – schwimmt – schwimmt,	3 Der Fisch schwimmt den gleichen Weg wieder zurück, ohne dass die Hand umgedreht wird. Für das Rückwärtsschwimmen, von den Knien zur rechten Hüfte, führt das Handgelenk die Schwimmbewegung an. Die vom Handgelenk impulsierte Bewegung fließt ganz weich durch alle Gelenke der Hand

		und der Finger. Sehr melodisch, fast singend sprechen.
4	springt – taucht – spaddelt	Für das «springt» die «Fischhand» senkrecht nach oben stoßen (Halshöhe), dabei mit heller Stimme dynamisch sprechen. Bevor das Wort «taucht» mit dunklerer Stimme gesprochen wird, die Hand mit den Fingerspitzen abwärts drehen, dann mit dem Wort «taucht» den «Fisch» aktiv nach unten stoßen bis auf Wadenhöhe und im Bogen wieder zurück vor die Knie. Die Handinnenfläche ist zum Körper gewendet, die Kleinfingerseite zeigt zu Boden. Jetzt werden die Finger der rechten Hand gespreizt und bei dem Wort «spaddelt» die ganze Hand und der Unterarm sehr lebhaft hin- und hergedreht (gewirbelt).
5	und ruht.	Die vom «Spaddeln» gespreizten Finger wieder schließen und die rechte Hand seitlich des rechten Knies ruhig halten. Mit weicher, dunkler Stimme das Wort «ruht» gedehnt sprechen.
6	Schwimmt – schwimmt – schwimmt, springt taucht spaddelt und ruht.	Text und Bewegungen wiederholen wie oben bei 3, 4 und 5.
7	Lässt sich schaukeln von der Flut.	Das «Fischlein» aus der Ruhestellung in Fließrichtung des Baches vom rechten Ellenbogen geführt leicht auf- und abschaukeln lassen. Die rechte Hand ist locker und lässt die Schaukelbewegung passiv geschehen. Rhythmisch, aber trotzdem sehr melodiös sprechen.
8	stumm	Die Schaukelbewegung einige Zeit ohne Sprache fortsetzen. Das «Fischlein» dabei aufmerksam und liebevoll anschauen.
9	Schaukeln – schaukeln – schaukeln.	In Ruhe weiterschaukeln, fast singend dazu sprechen, bis die Hand nicht mehr weiter nach rechts außen «schaukeln» kann. Dann den Arm langsam sinken lassen und stumm noch ein Weilchen hinterherschauen.

Das Igelspiel

Rhythmisch-musikalisches Erzählchen

Schsch – Schsch! Schsch – Schsch!
Was raschelt in dem Blätterhaufen?
Schsch – Schsch. Wer mag nur darin laufen?
Dappe-dappe-dappe-dappe,
hin und her – hin und her.
Ruschel-raschel-ruschel-raschel,
kreuz und quer – kreuz und quer.

Ha! Ich seh ein Schnäuzchen blitzen
und auch viele Stachelspitzen!
Dappe-dappe-dappe-dappe,
hin und her – hin und her.
Ruschel-raschel-ruschel-raschel,
kreuz und quer – kreuz und quer.

Ich glaube, dass ihr es schon wisst,
dass das ein kleiner Igel ist!
Dappe-dappe-dappe-dappe,
hin und her – hin und her.
Ruschel-raschel-ruschel-raschel,
kreuz und quer – kreuz und quer.

Dappe-dappe-dappe-dappe,
dappe-dappe-dappe-dapp.

Horcht! – – Er ist davongelaufen – – –
man hört nichts mehr im Blätterhaufen. –

Text	Bewegungen
1 stumm (horchen) 	1 Die Erzieherin sitzt, ihre eng aneinandergehaltenen Oberschenkel bilden die Erde, auf der ein imaginärer Blätterhaufen liegt. Dann führt sie ihre rechte Hand an das rechte Ohr und beugt sich leicht nach vorn, um in den Blätterhaufen zu horchen.
2 Schsch – Schsch! Schsch – Schsch! 	2 Beide Hände etwa auf Magenhöhe nebeneinanderhalten, die Innenflächen nach unten gerichtet, die Finger schwach gespreizt und leicht gestreckt. In dieser Haltung die Hände aus- und einwärts drehen, dabei gleichzeitig hin- und her-, vor- und rück- und auch ganz leicht auf- und abbewegen. Diese Bewegung zeigt das Rascheln im Blätterhaufen an. Das «Schsch» ausklingen lassen, die rechte Hand wieder ans rechte Ohr legen und noch mal horchen. Dann sprechen:

3 Was raschelt in dem Blätterhaufen?

3 Den Laut «sch» in dem Wort «raschelt» sehr plastisch sprechen. Gleichzeitig mit beiden Händen die Konturen des Blätterhaufens, der auf der «Erde» (den Oberschenkeln) liegt, von der Spitze beginnend, zeigen.

4 Schsch – Schsch.

4 Das «Schsch – Schsch» wiederum sehr plastisch und dynamisch klingen lassen und gleichzeitig die Hände wie oben bei 2 beschrieben bewegen.

5 Wer mag nur darin laufen?

5 Leise und voller Spannung sprechen, dabei erst die Kinder und dann den Blätterhaufen ansehen. Bei dem Wörtchen «darin» auf den Blätterhaufen zeigen.

6

a)	b)
dappe - dappe –	dappe - dappe,
x x x x	x x x x
r l r l	r l r l
(vorwärts)	(rückwärts)

c)	d)
hin – – und	her – – –
x x x x	x x x x
r l r l	r l r l
(vorwärts)	(rückwärts)

c)	d)
hin – – und	her. – – –
x x x x	x x x x
r l r l	r l r l
(vorwärts)	(rückwärts)

6 Für die Igelschritte legt die Erzieherin ihre Daumen an die mittleren Zeigefingerglieder, sodass sich die Zeigefinger- Endglieder allein bewegen lassen.
a) Mit diesen «Fingerkuppenschrittchen» beim ersten «dappe-dappe» vier kleine Tapperchen von der Oberschenkelmitte in Richtung Knie tappen, jeweils bei x.
b) Beim zweiten «dappe-dappe» die gleiche Bewegung im angegebenen Rhythmus rückwärts.
c) Für das «hin – – und» werden wieder vier kleine Tapperchen in Richtung Knie ausgeführt, die Finger bewegen sich taktmäßig genau. Die Sprache, wie links markiert, zum ersten und letzten Schritt hinzufügen.
d) Bei «her» wieder vier Tapperchen rückwärtsgehen und nur den ersten Schritt sprachlich begleiten.

7 Ruschel-raschel-ruschel-raschel,

7 Die Raschelbewegung wie oben bei 2 beschrieben ausführen und jeweils das «sch» plastisch-dynamisch gestalten.

8 kreuz und quer – kreuz und quer.

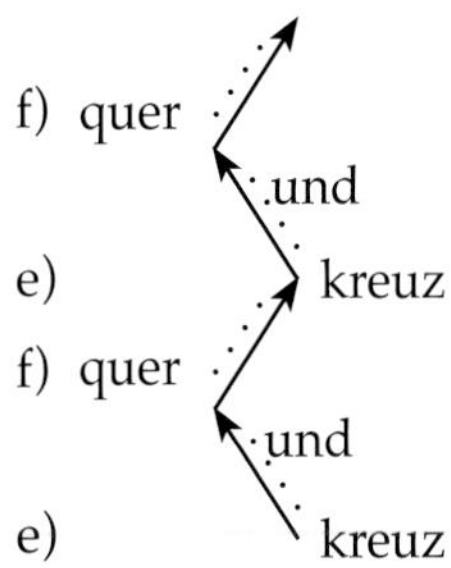

8 Mit den Zeigefingerkuppen in einem schnelleren Takt auf dem rechten Oberschenkel vom Körper in Richtung Knie in einer Zickzacklinie tappeln, jeweils vier Tapperchen in eine Richtung. Die ersten vier von rechts schräg nach links, dann weitere vier von links schräg nach rechts. Beide Richtungen wiederholen. Die Bewegung gleichmäßig ausführen und dazu sehr rhythmisch sprechen, wie links zu erkennen:
e) Erster und letzter Schritt mit Sprache.
f) Nur erster Schritt mit Sprache.

9 Ha! Ich seh ein Schnäuzchen blitzen

9 Die linke Hand mit der Handinnenfläche nach unten auf den rechten Oberschenkel legen. Die rechte Hand mit der Handinnenfläche auf den Handrücken der linken Hand deckungsgleich legen, dabei allerdings einen kleinen Hohlraum lassen. Die Fingerspitzen zeigen zum Betrachter. Die Daumen liegen jeweils in der Höhlung der Hand verborgen. Diese Gebärde ist das Igelschnäuzchen.

10 und auch viele Stachelspitzen!

10 Die Hände mit den Handgelenken auf die Oberschenkel legen und die Finger so ineinanderschieben, als wolle man sie zum Gebet falten, jedoch bleiben die Finger gestreckt, sodass sie als Stacheln stehen. Die Daumen kreuzen sich auch. In dieser Haltung alle Finger hauchzart bewegen.

11 Dappe-dappe-dappe-dappe,
hin und her – hin und her.
Ruschel-raschel-ruschel-raschel,
kreuz und quer – kreuz und quer.

11 Das Tappen des Igels und das Rascheln im Blätterhaufen wiederholen, wie oben von 6 bis 8 beschrieben.

12 Ich glaube, dass ihr es schon wisst,

12 Bei dem Wort «Ich» zeigt die Erzieherin mit der rechten Hand auf sich selbst, bei dem Wort «ihr» deutet sie auf die Kinder.

13 dass das ein kleiner Igel ist!

13 Bei dem Wörtchen «das» das Igelschnäuzchen zeigen (siehe bei 9), und bei dem Wort «Igel» noch mal die Stacheln zeigen (siehe bei 10).

14 Dappe-dappe-dappe-dappe,
hin und her – hin und her.
Ruschel-raschel-ruschel-raschel,
kreuz und quer – kreuz und quer.

14 Das Tappen des Igels und das Rascheln im Blätterhaufen wiederholen, wie oben von 6 bis 8 beschrieben.

15 Dappe-dappe-dappe-dappe …

15 Wieder im langsameren Tempo auf dem rechten Oberschenkel in Richtung zum Körper tappeln, das «dappe-dappe» so oft wiederholen, bis die beiden Zeigefinger über die rechte Hüfte laufen. Beim Sprechen immer leiser werden, bis man nichts mehr hört. Dem «Igel» eine Weile nachschauen, sich Zeit lassen.

16 Horcht! – –

16 Die rechte Hand ans rechte Ohr legen und zuerst mit leicht nach rechts hinten gedrehtem Kopf nachlauschen, sich dann leicht nach vorn beugen und in den imaginären Blätterhaufen hineinhorchen.

17 Er ist davongelaufen – – –

17 Sich aufrichten und mit der rechten Hand in die Richtung weisen, in der der Igel verschwunden ist.

18 man hört nichts mehr im Blätterhaufen. –

18 Bei dem Wort «hört» horcht die Erzieherin noch einmal in den Blätterhaufen, richtet sich danach auf, breitet beim Wort «nichts» die Arme seitlich aus (s. Abb.) und zeigt dann wieder die Konturen des Blätterhaufens, während sie das Wort «Blätterhaufen» ausspricht. Das Spiel in Ruhe ausklingen lassen.

Tappel-tappel – wau-wau-wau!

Rhythmisch-musikalisches Erzählchen mit Handgesten

Das Hündlein Schlau:
«Wau-wau – wauwau-wau!»
Das tappelt – tappelt – tappelt – tappelt
hin – und her – hin – und her.
Läuft – läuft – läuft – läuft:
«Wau-wau – wauwau-wau!»
Springt ums Eck – und? – ist weg!

Text	Bewegungen
1 Das Hündlein Schlau:	1 Die rechte Hand bildet die Hundeschnauze: Zeige-, Mittel-, Ring- und kleiner Finger liegen gestreckt eng aneinander. Der Daumen liegt als «Unterkiefer» mit dem oberen Fingerglied auf dem mittleren Fingerglied des Mittelfingers (siehe Abbildung).

Text	Bewegungen
2 «Wau – wau – wauwau – wau!» ∠ ∠ ∠ ∠ ∠	2 Das Hundemaul wird jeweils bei «wau» im angegebenen Rhythmus weit geöffnet. Die gestreckten und eng aneinanderliegenden Finger bleiben gestreckt und geschlossen, spreizen sich aber so weit wie möglich vom Daumen ab. Die Fingerspitzen sind zum Betrachter gerichtet. Die Erzieherin muss unbedingt aufpassen, dass beim «Bellen» der rechte Arm unbewegt bleibt, weil sonst die Gefahr groß ist, dass aus dem bellenden Hündchen ein schnappender Hund wird.

3 Das tappelt – tappelt – tappelt – tappelt

○ ○ ○ ○ ○ ○ ○ ○

3 Den rechten Zeige- und den rechten Mittelfinger als «Pfötchen» mit den Fingerkuppen auf dem Oberschenkel federnd tappeln lassen. Die beiden anderen Finger einrollen und den Daumen noch darüberlegen. Das Tappeln beginnt nah beim Körper und geht im angegebenen Sprachrhythmus «○» bis etwa zur Mitte des Schenkels.

4 hin und

○ ○ ○ ○ (rechte Hand)

←

her – –

○ ○ ○ ○ (linke Hand)

→

hin und

○ ○ ○ ○ (rechte Hand)

←

her. – –

○ ○ ○ ○ (linke Hand)

→

4 Von der Mitte des Oberschenkels wendet sich das «Hündchen» nach links und macht jeweils zwei Tapperchen auf die Worte «hin und …» hinüber zum linken Oberschenkel. Sofort löst die linke Hand die rechte ab und tappelt den gleichen Weg zurück zum rechten Oberschenkel, wieder mit vier Tapperchen auf das Wort «her –». Den Ablauf einmal exakt wiederholen. (Es werden auf jedem Bein jeweils 2 Tapperchen ausgeführt.)

5 läuft – läuft – läuft – läuft:

○ ○ ○ ○ ○ ○ ○ ○

5 Die rechte Hand löst die Linke wieder ab und tappelt mit etwas größeren Laufschritten auf dem rechten Oberschenkel in Richtung rechte Hüfte. (Das Tappeln geschieht jetzt rückwärts, das heißt, die Hand bleibt mit den Fingern zum Betrachter gewendet.)

6 «Wau – wau – wauwau – wau!»

∠ ∠ ∠ ∠ ∠

6 Nahe der rechten Hüfte bildet die rechte Hand wieder eine Hundeschnauze, wie oben bei 1 beschrieben, und «bellt» im angegebenen Rhythmus.

7 Springt ums Eck –

7 Die rechte Hand bei dem Wort «springt» im Bogen hinter dem Rücken verschwinden lassen. Danach eine kleine Zäsur einhalten.

8 und? –

8 Der Erwachsene spricht das «und» fragend aus und blickt dabei zur rechten Hüfte. Dann schaut er wieder zu den Kindern, hält noch eine kurze Spannungspause ein und sagt dann:

9 ist weg!

9 Der Erwachsene richtet sich ganz auf, um das «ist weg!» auszusprechen. Er schaut die Kinder mit freudigem Gesicht an und nickt ihnen einmal zu. Bevor die rechte Hand hinter dem Rücken hervorgeholt wird, geraume Zeit verstreichen lassen.

Hinweis:
Dieses Spiel ist für die Übergangszeit ideal, wenn Spiele, in denen beide Hände die gleiche Bewegung gemacht haben, abgelöst werden sollen von solchen, in denen eine Hand allein agiert. Das Spiel vom Hündchen kann mit der linken Hand wiederholt werden. Dann ist ein fließender Wechsel vom Zweihandspiel zum Einhandspiel geschaffen. Abschließen sollte man das Spiel aber immer mit der rechten Hand, das fördert die Ausbildung der rechtsseitigen Dominanz.

Das «Tappel-tappel – wau-wau-wau» ist eine gute Vorbereitung für das lange Spiel vom «Hündchen Schlau».

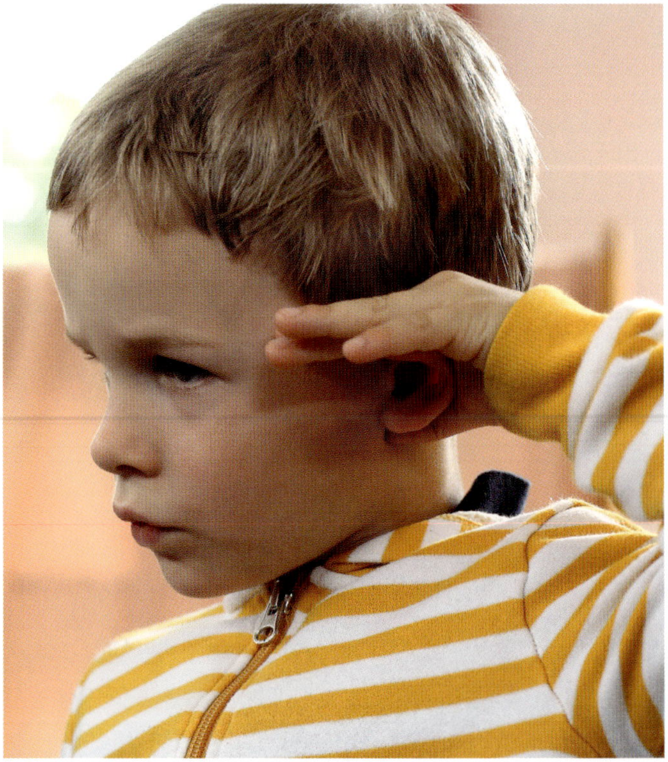

Das Hündchen Schlau

Rhythmisch-musikalisches Handgestenspiel

Wau-wau – wau-wau – wau-wau –
bellt das Hündchen Schlau: Wau-wau!
Es tappelt: tappel-tappel-tappel
tappel-tappel-tappel-tapp – und sitzt ab!

Tut die Vorderpfoten heben, macht ein Kunststück:
Pfötchengeben – Pfötchengeben – Pfötchengeben!
und lässt sich wieder – nieder.

Ja! Für das Kunststück
kriegt es eine Wurst!
Da! – Schnapp! – Happ-happ!
Und ein Näpfchen Wasser
für den Durst:

Schlabberlabberlabberlabber – schlabberlabberlabberlab –
Schlabberlabberlabberlabberlabberlabberlabberlab.
Der Napf ist leer!
Das Hündchen hebt den Schwanz
und wackelt damit hin und her – hin und her:

Widel-wedel-wackel-wackel,
Widel-wedel-tackel-tackel,
Widel-wedel-wackel-wack,
Widel-wedel-tackel-tack!
Das heißt: Vielen Dank – vielen Dank,
vielen Dank für Speis' und Trank! –

Wau-wau – wau-wau – wau-wau –
bellt das Hündchen Schlau: Wau-wau!
Dann tappel-tappt das Hündchen weg –
tappel-tappt geschwind ums Eck.

Text

1 Wau-wau – wau-wau – wau-wau –
∠ ∠ ∠ ∠ ∠ ∠

Bewegungen

1 Die rechte Hand bildet die Hundeschnauze: Zeige-, Mittel-, Ring- und kleiner Finger liegen gestreckt eng aneinander. Der Daumen liegt als «Unterkiefer» mit dem oberen Fingerglied auf dem mittleren Fingerglied des Mittelfingers (siehe Abbildung).
Jeweils bei «∠» die «Schnauze» öffnen und schließen, im Wechsel wenig und weit: «∠ ∠». Der Bewegung gemäß leiser und lauter sprechen. Nach dem letzten «wau» eine Pause einhalten.

2 bellt das Hündchen Schlau: Wau-wau!

2 Das «Bellen» im Sprachrhythmus und den angegebenen Betonungen fortsetzen.

3 Es tappelt: tappel-tappel-tappel

tappel-tappel-tappel-tapp

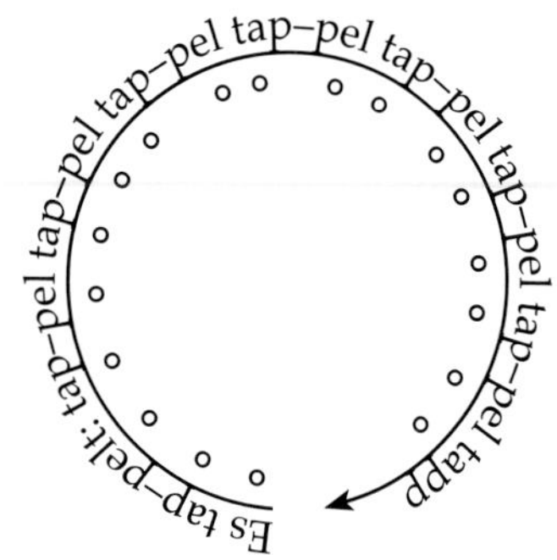

3 Den Zeige- und den Mittelfinger der rechten Hand im Wechsel als Pfötchen mit den Fingerkuppen leicht auf die Oberschenkel aufsetzen. Den elastischen Gang eines Hundes unbedingt versuchen in der Handbewegung nachzuahmen. Das «Hündchen» läuft einmal im Kreis herum, über beide Oberschenkel. Jeweils bei «○» wird zum Sprachrhythmus passend ein «Pfötchen» aufgesetzt. Der Beginn des Kreises ist nah am Körper, und die Bewegunsrichtung ist im Uhrzeigersinn.

4 und sitzt ab!

4 Jetzt beide Hände, zur lockeren Faust geformt, mit dem Handrücken nach oben bei «ab» nahe bei den Knien auf den Oberschenkeln ablegen (siehe Abb. bei Punkt 7).

5 Tut die Vorderpfoten heben,

5 Übergang von der Handgeste zur Großgebärde: Die Unterarme heben und die Hände als Pfoten locker herunterhängen lassen.

6 macht ein Kunststück:
Pfötchengeben – Pfötchengeben –
Pfötchengeben!

6 Die rechte «Pfote» leicht anheben und bei «…geben» nach vorn bewegen, als ob man dem Betrachter die «Pfote» geben möchte. Die «Pfote» stumm zurück zur Ausgangsstellung bringen; diese Bewegung zweimal wiederholen. Die linke «Pfote» bewegt sich leicht mit. Achtung: Die Sprachmelodie sollte bei den drei gleichen Worten unbedingt variieren.

7 und lässt sich wieder – nieder.

7 Die Pfotengeste auflösen, die Unterarme herunternehmen, währenddessen die Hände zu lockeren Fäusten machen und mit den Fingern auf die Oberschenkel nahe bei den Knien auflegen.

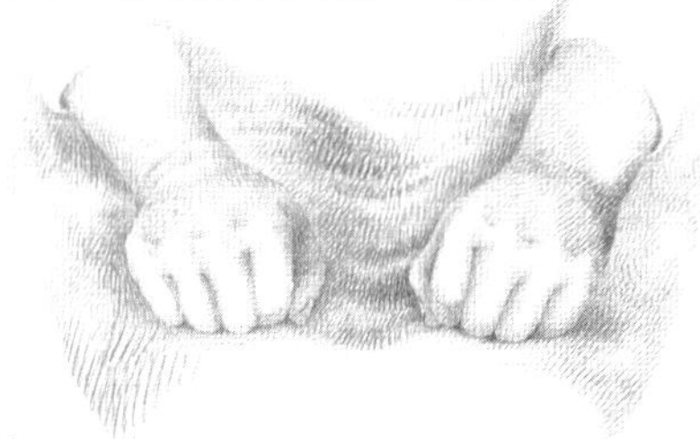

8 Ja! –

8 Den linken Unterarm heben und aus der Faust den Zeigefinger hochstrecken. Die rechte Hand bleibt dabei unverändert auf dem Schenkel liegen.

9 Für das Kunststück

9 Den linken Zeigefinger leicht nach vorn neigen, um dem Gesagten mehr Bedeutung zuzumessen, und bei «das» zusätzlich einmal nicken. Danach verschwindet der Zeigefinger.

10 kriegt es eine Wurst!

10 Bei dem Wort «Wurst» den linken Daumen waagrecht aus der Faust herausstrecken; die eingerollten Finger zeigen zum Betrachter, der Handrücken zeigt zur Erzieherin. Die «Wurst», also den Daumen, etwas hochhalten und deutlich zeigen. Danach die noch liegende «Pfote» zur Hundeschnauze verwandeln (siehe oben bei 1) und auf Magenhöhe anheben.

11 Da!

11 Auf das Wörtchen «Da!» die «Wurst» nach rechts zum Hund hin bewegen. Gleichzeitig verwandelt sich

12 Schnapp!

12 Der «Hund» schnappt in einer raschen Bewegung die «Wurst». Sofort, wenn die «Hundeschnauze» zugeht, den linken Daumen in der linken Faust verschwinden lassen und den linken Arm locker seitlich neben dem Oberschenkel hängen lassen. Die Konzentration der Erzieherin ist aber ganz auf die rechte Hand gerichtet.

13 Happp-happ!

13 Der «Hund» schnappt noch zweimal, dazu jeweils bei «hap» die Schnauze öffnen und schließen. Die Wurst wird gefressen.

14 Und ein Näpfchen Wasser für den Durst:

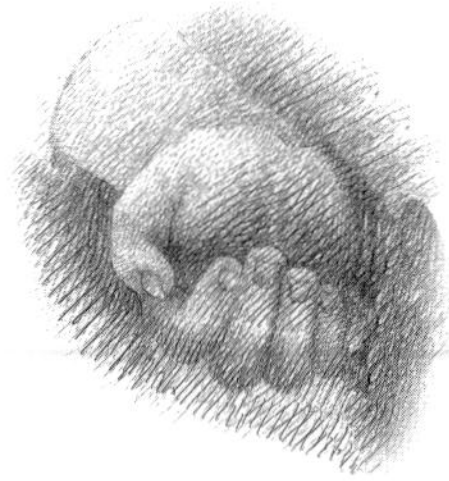

14 Die linke Hand bildet eine «Schale», die nahe bei den Knien auf die Schenkel gestellt wird. Währenddessen die Geste der Hundeschnauze mit der rechten Hand auf Magenhöhe ruhig halten.

15 Schlabberlabberlabberlabber – schlabberlabberlabberlab –
Schlabberlabberlabberlabberlabberlabberlabberlab.

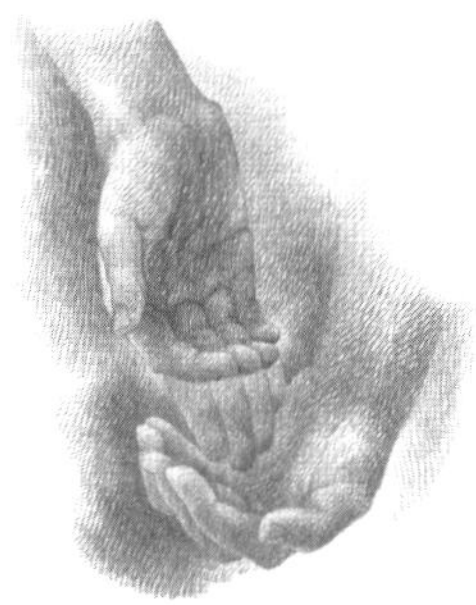

15 Die rechte Hand bildet die gleiche Gebärde wie die linke Hand (Schüsselchen) und wird im rechten Winkel als Zunge mit den Fingerspitzen über das Wasserschälchen gehalten. Für das «Schlabbern» die Finger der rechten Hand im Sprachrhythmus leicht einrollen und wieder strecken. Das «Schlabberlabberlabber…» nicht zu schnell sprechen, damit die Finger der rechten Hand die Einrollbewegung jeweils exakt auf jedes «a» ausführen können.

16 Der Napf ist leer!

16 Das «Wasserschälchen» ist leer und wird, indem man das linke Handgelenk leicht anhebt, dem Betrachter gezeigt. Gleichzeitig rechten Arm ohne Gebärde locker hängen lassen. Danach die Geste auflösen. Kleine Zäsur einfügen.

17 Das Hündchen hebt den Schwanz und

17 Gemächlich die rechte Faust bis auf Magenhöhe heraufführen und bei dem Wort «Schwanz» den Daumen senkrecht nach oben gerichtet aus der Faust herausstrecken.

18 wackelt damit hin und her – hin und her:

Widel-wedel-wackel-wackel,
↖ ↗ ↖ ↗
Widel-wedel-tackel-tackel,
↖ ↗ ↖ ↗
Widel-wedel-wackel-wack,
↖ ↗ ↖ ↗
Widel-wedel-tackel-tack!
↖ ↗ ↖ ↗

18 Das «Schwänzchen» im Sprachrhythmus wedeln lassen. Es bewegt sich nur der Daumen, die Faust bleibt still am Platz!

19 Das heißt: Vielen Dank! –
↖↗ ↖ ↗
vielen Dank! – vielen Dank
↖ ↗ ↖ ↗ ↖↗ ↖
für Speis' und Trank! –
↗ ↖ ↗ ↖ ↗

19 Bei «das heißt» das «Schwänzchen» etwas heben und dann doppelt so schnell (siehe die Pfeile unter den Worten) weiter wedeln.

20 Wau-wau – wau-wau – wau-wau –
∠ ∠ ∠ ∠ ∠ ∠

bellt das Hündchen Schlau: Wau-wau!
∠ ∠ ∠ ∠ ∠ ∠ ∠

20 Die Gebärde mit dem «Schwänzchen» schnell in die Gebärde der «Hundeschnauze» verwandeln und exakt wie oben bei 1 und 2 bellen.

21 Dann tappel-tappt das Hündchen weg –
◦ ◦ ◦ ◦ ◦ ◦ ◦ ◦

21 Die «Hundeschnauze» schnell verwandeln: Den Zeige- und den Mittelfinger als Pfötchen mitten auf den rechten Oberschenkel aufstellen und ab «tappel-tappt…» im angegebenen Rhythmus in Richtung zur Hüfte im elastischen Hundegang tappeln.

22 tappel-tappt geschwind ums Eck.
◦ ◦ ◦ ◦ ◦ ◦ ◦

22 Um die Hüfte herum weiter tappeln und nach dem letzten Wort hinter dem Rücken verschwinden lassen.

Das Bienchen

Rhythmisch-musikalisches Handgestenspiel

Aus dem Bienenhaus: sssss sssss sssss
kommt ein Bienchen heraus:

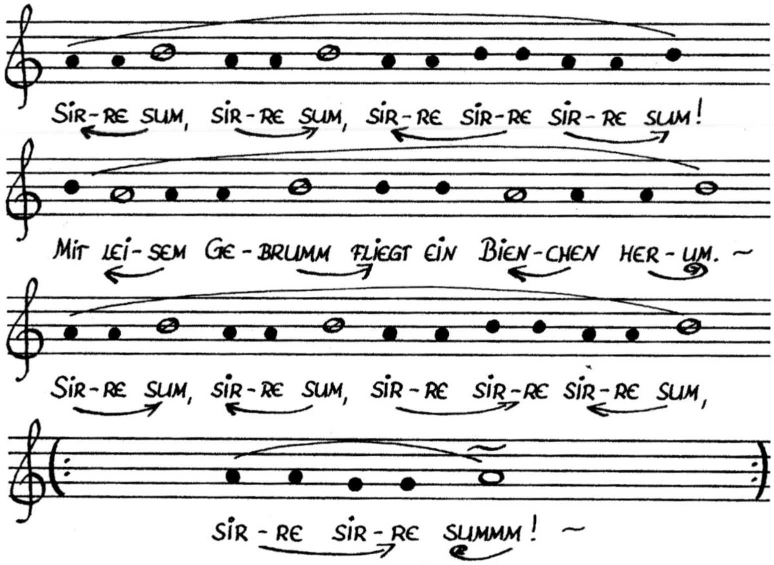

Das Bienchen fliegt zum Blümelein:
sssssst!
Steckt den Rüssel tief hinein,
hffffffff – saugt –
hffffffff – saugt –
den Nektar ein.

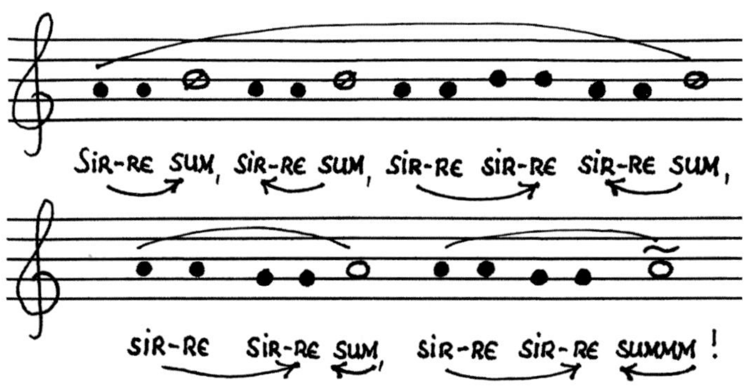

Das Bienchen fliegt zum nächsten Blümelein:
sssssst!
Steckt den Rüssel tief hinein,
hfffffff – saugt –
hfffffff – saugt –
den Nektar ein.

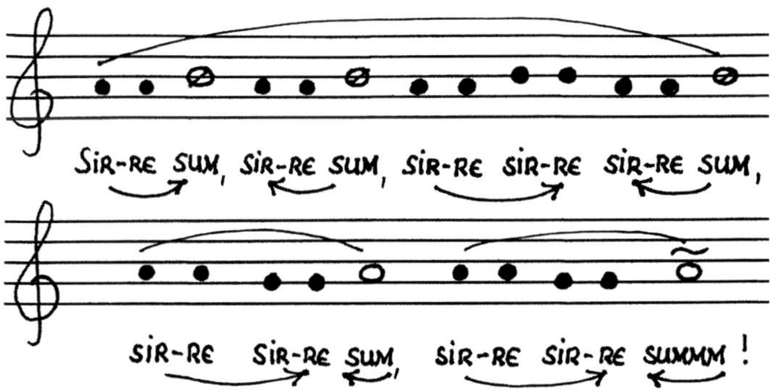

Das Bienchen fliegt zum Bienenhaus,
schlüpft hinein und ruht sich aus:
sssss sssss sssss!

Text	Bewegungen
1 Aus dem Bienenhaus: sssss – sssss – sssss 	1 Für das Bienenhaus hebt die Erzieherin die Unterarme, indem sie die Ellenbogen stark abwinkelt. Dann legt sie ihre linke Hand mit der Innenfläche auf den Handrücken der rechten Hand (s. Abb.). Die Hände sind etwa auf Kinnhöhe (deutlich tiefer, als auf der Abbildung dargestellt). Wenn das stimmhaft gesprochene «sssss» ertönt, neigt die Erzieherin ihr rechtes Ohr zum «Bienenhaus» hin, um zu lauschen.
2 kommt ein Bienchen heraus:	2 Die rechte Hand wird jetzt das Bienchen. Der linke Arm verweilt in der Stellung vom Bienenhaus. Das Bienchen ist die rechte Zeigefingerkuppe. Der Zeigefinger wird aus der lockeren Faust herausgestreckt. Das Bien-

chen fliegt im Bogen aus seinem Haus heraus. Dann beginnt die Erzieherin die Melodie (S. 86 oben) zu singen.

3 Noten siehe Seite 86 oben.

3 Während des Singens schaukelt das «Bienchen», wie unter dem Liedtext durch Bewegungspfeile erkennbar, durch die Luft. Die Bewegungen sind eher ruhig. Beim letzten Ton vollzieht das «Bienchen» die angegebene Schleifenbewegung. Gleichzeitig bildet die linke Hand eine Blüte.

4 Das Bienchen fliegt zum Blümelein:

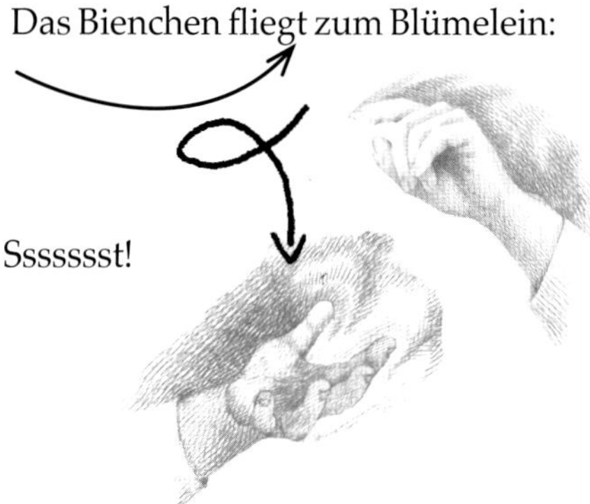

4 Das «Bienchen» fliegt zunächst in einem Bogen nach rechts und nähert sich dann mit der links angegebenen Schleife der «Blüte». Für den Rest des Weges spricht die Erzieherin ein stimmhaftes «ssssssst». Exakt mit dem «t» setzt sich das «Bienchen» auf die Blüte: Den eingerollten Daumen der rechten Hand auf den Kleinfingerballen der linken aufsetzen.

5 Steckt den Rüssel tief hinein,

5 Den rechten, aus der Faust gestreckten Zeigefinger jetzt als «Rüssel» in die Mitte der Blume herabsenken.

6 hfffffff – saugt –
hfffffff – saugt –
den Nektar ein.

6 Für das « hfffffff» die Lippen so formen, als ob man ein «ö» sprechen wollte. Durch die so geformten Lippen die Luft zart einziehen. Solange das «hfffffff» klingt, zieht die Erzieherin den «Rüssel» sachte und langsam aus der Blütenmitte heraus. Damit wird das Einsaugen des Nektars gezeigt. Den Rüssel wieder absenken und erneut bei «hfffffff» und «den Nektar ein» die Saugbewegung ausführen.

7 Noten siehe Seite 86 unten.

7 Mit Beginn des Liedes fliegt das «Bienchen», wie mit den Pfeilen gekennzeichnet, von der Blüte weg. Jetzt wird während des Singens die Blütengeste um einige Zentimeter nach rechts oder links verschoben – «das nächste Blümelein».

8 Das Bienchen fliegt zum nächsten Blümelein: sssssst!

8 Den Bewegungsablauf wie oben bei 4 ausführen.

9 Steckt den Rüssel tief hinein,
hfffffff – saugt –
hfffffff – saugt –
den Nektar ein.

9 Wie oben bei 5 und 6 ausführen.

10 Noten siehe Seite 87.

10 Solange das «Bienchen» sich sanft schaukelnd zum Lied bewegt, bildet die linke Hand die linke Hälfte des Bienenhauses.

11 Das Bienchen fliegt zum Bienenhaus,

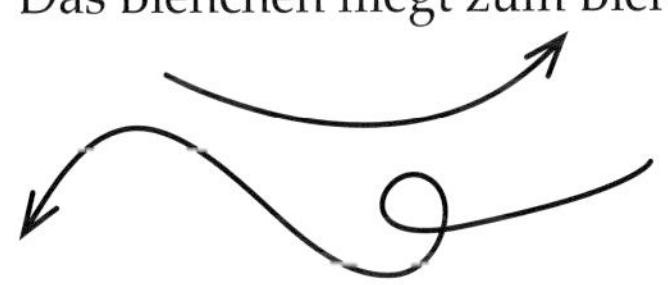

11 Die «Biene» schaukelt noch einmal nach rechts, um dann mit der angegebenen Schleifenbewegung auf das Bienenhaus zuzufliegen.

12 schlüpft hinein und ruht sich aus:
sssss - sssss - sssss!

12 Das «Bienchen» (der rechte Zeigefinger) schlüpft bei dem Wort «hinein» unter die gewölbte linke Hand. Dann die Bienengeste auflösen, dafür das Bienenhaus mit dem rechten Arm ergänzen. Danach den Kopf mit dem rechten Ohr dem Bienenhaus zuwenden und auf das Summen im «Bienenstock» horchen.

Der kleine Bär

Rhythmisch-musikalisches Handgestenspiel

«Brummm – brummm.»
Bromme-brumm, der kleine Bär,
tap-tap-tap-tap-tap-tap-tap-
tappt durch den Wald zum Bienenhaus:
«Bssss-bsss – bsssssss!»

Süßen Honig will er schlecken.
Süßen Honig will er lecken.
«Hmmm – hmmm!»

«Bssss-bsss – bsssssss!»
Die Bienen kommen: «bsssssss!»
Sie woll'n ihn stechen-stechen:
«Ssssst – ssssst – ssssst – ssssst!»
den Brummelbär'n, den frechen.

Doch der verzieht kaum sein Gesicht,
durchs dicke Fell spürt er das nicht.

«Bssss-bssss – bssssssss!»
«Bssss-bssss – bssssssss!»
Das summt und summt,
sein Kopf, der brummt.
«Bssss-bssss – bsssssss!»
«Bssss-bssss – bsssssss!»

Schnell reißt er aus:
tap-tap-tap-tap-
und läuft nach Haus:
tap-tap-tap-tap-tap-tap-tap-tap.

In seiner Höhle angekommen,
ruht er sich vom Schrecken aus.
«Brummmm – brummmm!»
Ruht sich aus.

Text

1 «Brummm – brummm.»
Bromme-brumm, der kleine Bär,

2 tap-tap-tap-tap-tap-tap-tap-
• • • • • • •
r l r l r l r

Handgesten

1 Die Erzieherin sitzt behäbig, sich als Bär fühlend, auf einem Hocker oder Stuhl. Sie nimmt die Hände in Pfotenhaltung vor die Brust und schaukelt im links angegebenen Rhythmus leicht nach links und rechts. Das Schaukeln ist eine Gewichtsverlagerung bis zu den Sitzknochen, also nicht bloß aus der Taille heraus hin und her wackeln.

2 Die Pfotengeste auflösen und mit den flachen Händen abwechselnd auf den Oberschenkeln im schwerfälligen «Bärengang» einher tappen. Die Hände zuerst nah beim

tappt durch den Wald
•   •   •   •
l   r   l   r

Körper auf die Schenkel aufsetzen und im Verlauf der elf Schritte bis zu den Knien kommen. Das Tappen weiterhin mit einer leichten Schaukelbewegung durch Gewichtsverlagerung unterstützen.

3 zum Bienenhaus:

3 Mit den Unterarmen und den flach übereinandergelegten Händen vor dem Oberkörper einen «Bienenkorb» bilden. Die linke Hand liegt mit der Handinnenfläche auf dem Handrücken der rechten Hand.

4 «Bssss-bsss – bsssssss!»

4 Mit ihrem rechten Ohr neigt sich die Erzieherin zum Bienenhaus, um auf das Summen, das sie in dem Moment mit einem stimmhaft gesummten «bssss bsss bsssssss» erklingen lässt, zu horchen.

5 Süßen Honig will er schlecken.
Süßen Honig will er lecken.
«Hmmm – hmmm!»

5 Die Erzieherin hält ihre Hände so, als ob sie ein kleines Tablett tragen würde, und winkt aus dieser Ausgangsstellung mit beiden Händen gleichzeitig zu sich her (der «Bär» holt den Honig). Die Bewegung ist gemächlich, sodass die Handgelenke bei dem Wörtchen «er» auf Mundhöhe und nahe am Gesicht sind. Bei «schlecken» die Hände vom Handgelenk bis zu den Fingerspitzen vor dem Gesicht herunterführen, gerade so, als würde man sie abschlecken. Das «l» in «schlecken» lange klingen lassen und dabei die Zungenspitze aus dem Mund strecken. Die Bewegungen beim zweiten Satz exakt wiederholen. Bei «Hmmm – hmmm!» noch zweimal die Hände «abschlecken», dabei ein wohliges «Hm» erklingen lassen.

6 «Bssss - bsss – bsssssss!»
l r l r l r
Die Bienen kommen: «bsssssss!»
l r l r l r

6 Aus beiden Händen die Zeigefinger aus den lockeren Fäusten herausstrecken, die Fingerkuppen sind die «Bienen». Das Summen mit stimmhaftem «S» klingen lassen. Die «Bienen» fliegen voneinander weg, aufeinander zu und im Bogen über außen – oben wieder in die Ausgangsstellung (siehe die Bewegungspfeile links). Bewegungsablauf wiederholen.

7 Sie woll'n ihn stechen-stechen:
«Ssssst – ssssst – ssssst – ssssst!»

7 Die Zeigefinger parallel halten, die Fingerkuppen zum Betrachter gerichtet nach vorn stoßen, jeweils bei . Hier wird das «s» sehr scharf gesprochen und mit einem besonders harten «t» abgeschlossen; «die Bienen stechen!».

8 den Bummelbär'n, den frechen.

8 Der «Bär» sitzt, wie oben bei 1 beschrieben, bewegungslos auf seinem Platz. Nur bei dem Wort «frechen» nickt der «Bär».

9 Doch der verzieht kaum sein Gesicht,
← → ← →

9 Die Haltung des «Bären» bleibt unverändert ruhig, nur seinen Kopf bewegt er verneinend nach links und rechts, jeweils auf die Worte oder Wortteile, unter denen die Pfeile sind.

10 durchs dicke Fell spürt er das nicht.
•• •• •• ••

10 Der «Bär» patscht jetzt mit seinen «Pfoten» – das sind die Hände mit gestreckten, geschlossenen Fingern – auf seinen Körper: zuerst auf die Brust bei «dicke», dann bei «Fell» auf den Magen, bei «er» auf den Bauch und bei «nicht» auf die Oberschenkel. Das Patschen ist mit beiden «Pfoten» gleichzeitig auszuführen. Dabei den Kopf weiterhin verneinend bewegen. Die Erzieherin lässt sich für das Patschen viel Zeit und spricht auch den Text langsam.

11 «Bssss-bssss – bssssssss!»

l r l r l r

«Bssss-bssss – bssssssss!»

l r l r l r

11 Die Erzieherin wechselt schnell vom «Bär» zu den «Bienen». Dazu streckt sie, wie oben bei 6 beschrieben, die Zeigefinger aus den Fäusten. Auch die Flugbewegungen wiederholen.

12 Das summt und summt,

12 Die «Bienen» fliegen jeweils bei «summt» in einem Kreis um die Ohren.

13 sein Kopf, der brummt.

13 Jetzt ist die Erzieherin wieder der «Bär» und hält sich mit ihren «Pfoten» (die flachen Hände) die Ohren zu.

14 «Bssss-bssss – bsssssss!»

l r l r l r

«Bssss-bssss – bsssssss!»

l r l r l r

14 Ausführung wie oben bei 6 und 11.

15 Schnell reißt er aus:

15 Die Erzieherin ist wieder der «Bär». Aus der Bärengrundhaltung, wie sie oben bei 1 beschrieben ist, die «Pfoten» bis über Kopfhöhe hochführen.

16 tap-tap-tap-tap-

• • • •

r l r l

und läuft nach Haus:

• • • •

r l r l

tap-tap-tap-tap-tap-tap-tap-tap.

• • • • • • • •

r l r l r l r l

16 Der «Bär» tappt, wie es oben bei 2 beschrieben ist. Sein Tempo wird zunehmend schneller. Er muss aber sehr kleine Schritte machen, damit der Platz von der Hüfte bis zu den Knien reicht.

17 In seiner Höhle angekommen,

17 Die Unterarme übereinanderlegen, etwas oberhalb der Stirn, den Kopf leicht neigen.

18 ruht er sich vom Schrecken aus.

18 Die Arme langsam herunternehmen und wieder die Bärengrundhaltung, wie bei 1 beschrieben, einnehmen. Ein Weilchen so sitzen bleiben.

19 «Brummmm – brummmm!»

19 Der «Bär» brummt und schaukelt dieses Mal nicht seitlich hin und her, sondern bewegt sich sachte vor und zurück.

20 Ruht sich aus.

20 In der Bärenhaltung ruhig sitzen und den Kopf nach vorn herunterhängen lassen.

Das Pferdchen

Rhythmisch-musikalisches Raumbewegungsspiel

Das Pferdchen springt:
hopp-hopp – hopp-hopp – galopp-galopp
hopp-hopp – hopp-hopp – galopp-galopp
galopp-galopp – hopp-hopp – hopp-hopp
hopp-hopp – hopp-hopp – galopp-galopp.

Brrrrrrrr! Das Pferdchen steht jetzt still,
weil es nicht mehr springen will.
Prustet: Phrrrrr! – phrrrrr!
Pustet: Pfffff – pfffff! Pfffff-pffff-pffff!

Das Pferdchen trabt:
trap – trap – trap-pe – trap-pe
trap – trap – trap-pe – trap-pe – trab –
trap – trap – trap-pe – trap-pe – trap-pe
trap – trap – trap – trap – trap – trap – trap.

Das Pferdchen steht jetzt still,
weil es nicht mehr traben will!

Muss sich vom vielen Laufen
erst einmal verschnaufen:
Pfffff! – Pfffff! – Pfffff!

Das Pferdchen hat sich ausgeruht!
Es springt:
hopp-hopp – hopp-hopp – galopp-galopp
hopp-hopp – hopp-hopp – galopp-galopp
galopp-galopp – hopp-hopp – hopp-hopp
hopp-hopp – hopp-hopp – galopp-galopp.

Brrrrrrrr! Das Pferdchen hält jetzt an,
weil es nicht mehr springen kann.
Prustet: Phrrrrr! – phrrrrr!
Pustet: Pfffff – pfffff! Pfffff-pffff-pffff!

Ruht aus – ruht aus.
Das Pferdchen springt nicht mehr hinaus.
Das Pferdchen bleibt zu Haus!

Dieses Raumbewegungsspiel erfordert viel Platz, damit genügend Bewegungsfreiheit besteht. Um Zusammenstöße zu vermeiden, ist es am besten, wenn das Spiel im Uhrzeigersinn kreisend ausgeführt wird.
Zum Spielbeginn steht die Erzieherin als «Pferd» mit ganz leicht gesenktem Kopf, aber aufrechtem Oberkörper im Raum (das Charakteristische eines Pferdes sollte in der Körperhaltung der Erzieherin erkennbar sein).
Für den Spielabschluss sind drei Vorschläge gegeben: Der erste ist textlich die kürzeste Möglichkeit, das Spiel zu beenden. Besonders schön an Abschluss I ist das sanfte Streichen über den Rücken der Kinder. Abschluss II endet mit einem Lied, und Abschluss III hält noch eine dritte Pferde-Gangart bereit: das Gehen im Schritt in den Stall.

Anstelle des Pferdchens kann es auch ein Böckchen sein.

	Text	Bewegung
1	Das Pferdchen springt:	Mit kraftvoller Stimme wendet sich die Erzieherin noch stehend an die Kinder,
2	hopp-hopp – hopp-hopp – galopp-galopp hopp-hopp – hopp-hopp – galopp-galopp galopp-galopp – hopp-hopp – hopp-hopp hopp-hopp – hopp-hopp – galopp-galopp.	um jetzt mit dem Galoppschritt zu beginnen: Die Knie gut anwinkeln, damit der Sprung etwas von der Kraft eines Pferdes bekommt. Das Tempo unbedingt sehr flott nehmen – die kurzen Kinderbeine bedenkend!
3	Brrrrrrrr!	Die Erzieherin lässt ein sehr kraftvolles und lang gezogenes «Brrrrr» ertönen, dabei kommt sie selbst allmählich zum Stehen.
4	Das Pferdchen steht jetzt still, weil es nicht mehr springen will.	Immer noch mit sehr kraftvoller Stimme spricht die Erzieherin nebenstehenden Text, damit auch die letzten «Pferdchen» zum Stehen kommen können.
5	Prustet: Phrrrrr! – phrrrrr! Pustet: Pffff – pffff! Pffff-pffff-pffff!	Jetzt wird die Stimme der Erzieherin leise. Und ihre Körperhaltung zeigt leichte Müdigkeit. Das «Phrrrrr» führt sie mit locker vibrierenden Lippen aus. Für das «Pffff» lässt sie nur Luft durch die schwach geöffneten Lippen streichen.
6	Das Pferdchen trabt:	Wieder in bewegungsbereiter Haltung spricht die Erzieherin nebenstehenden Text.
7	trap – trap – trap-pe – trap-pe trap – trap – trap-pe – trap-pe – trab – trap – trap – trap-pe – trap-pe – trap-pe trap – trap – trap – trap – trap – trap – trap.	Auch für das Traben die Knie gut anwinkeln und auf ein kindgerechtes flottes Tempo achten. Die Sprache muss nicht mehr ganz so kraftvoll sein wie beim Galopp; melodiös sprechen. Im Laufe der letzten Textzeile das Bewegungstempo reduzieren und zum Stehen kommen.

8 Das Pferdchen, steht jetzt still,
weil es nicht mehr traben will!
Muss sich vom vielen Laufen
erst einmal verschnaufen:
Pfffff! – Pfffff! – Pfffff!

8 Mit noch kraftvoller Stimme die beiden ersten Textzeilen sprechen, damit alle Kinder zum Stehen kommen können. Dann langsamer und leiser sprechen und für das «Pfffff» die Luft sanft durch die Lippen streichen lassen.

9 Das Pferdchen hat sich ausgeruht!
Es springt:

9 Wie oben bei 1.

10 hopp-hopp – hopp-hopp – galopp-galopp
hopp-hopp – hopp-hopp – galopp-galopp
galopp-galopp – hopp-hopp – hopp-hopp
hopp-hopp – hopp-hopp – galopp-galopp.

10 Wie oben bei 2.

11 Brrrrrrrr! Das Pferdchen hält jetzt **an**,
weil es nicht mehr springen **kann**.
Prustet: Phrrrrr! – phrrrrr!
Pustet: Pfffff – pffff! Pfffff-pffff-pffff!

11 Wie oben bei 3 und 4. Aber Achtung! Die kleine, fett gedruckte Textvariante unbedingt beachten.

12 Ruht aus – ruht aus.

12 Das «Pferdchen» steht ruhig mit ganz leicht hängendem Kopf. Die Erzieherin spricht den Text leise.
Ab hier kann das Spiel wiederholt werden.

Spielabschluss:

I Das Pferdchen springt nicht mehr hinaus.
Das Pferdchen bleibt zu Haus!

I Die Erzieherin geht leise sprechend von Kind zu Kind und streicht über Kopf, Nacken und Rücken. Es ist nicht nötig, dass sie unentwegt dazu spricht, das Streichen in der Stille wird von den Kindern tiefer empfunden.

II Das Pferdchen springt nicht mehr hinaus,
legt sich ins weiche Gras hinein und ruht sich aus.
Das Pferdchen hält im Grase Ruh,
su – su – suuu.
Bitten wir den lieben Wind,
sing ein Su-suu fürs Pferdekind.
Weh' – weh' – Wiegewind.

II Bei «nicht mehr hinaus» schüttelt die Erzieherin leicht den Kopf. Noch bevor sie «legt sich ins ...» spricht, knickt sie schnell nacheinander ihre Knie ein, lässt sich auf die Knie herunter und legt sich auf den Boden. Die Kinder ahmen nach. Wenn alle Pferdchen ruhig liegen, spricht die Erzieherin mit sanfter, dunkler Stimme und beginnt dann zu singen (Noten siehe S. 98).

III Das Pferdchen springt nicht mehr hinaus,
es geht in seinen Stall hinein:
Schritt-Schritt-Schritt-Schritt,
Schritt für Schritt!
Schritt-Schritt-Schritt-Schritt,
Schritt für Schritt!
Legt langsam sich ins weiche Stroh,
so-so – so-sooooo!

Der Wiegewind
singt fürs Pferdekind:

Weh'– weh', Wiegewind

Behutsam wiegend

Das Eselein

Rhythmisch-musikalisches Raumbewegungsspiel

Das Eselein, «I-A! – I-A! – I-AAA!»,
scharrt mit einem Bein:
schörre – schörre – schörre – schörr –
und läuft daher im leichten Schritt –

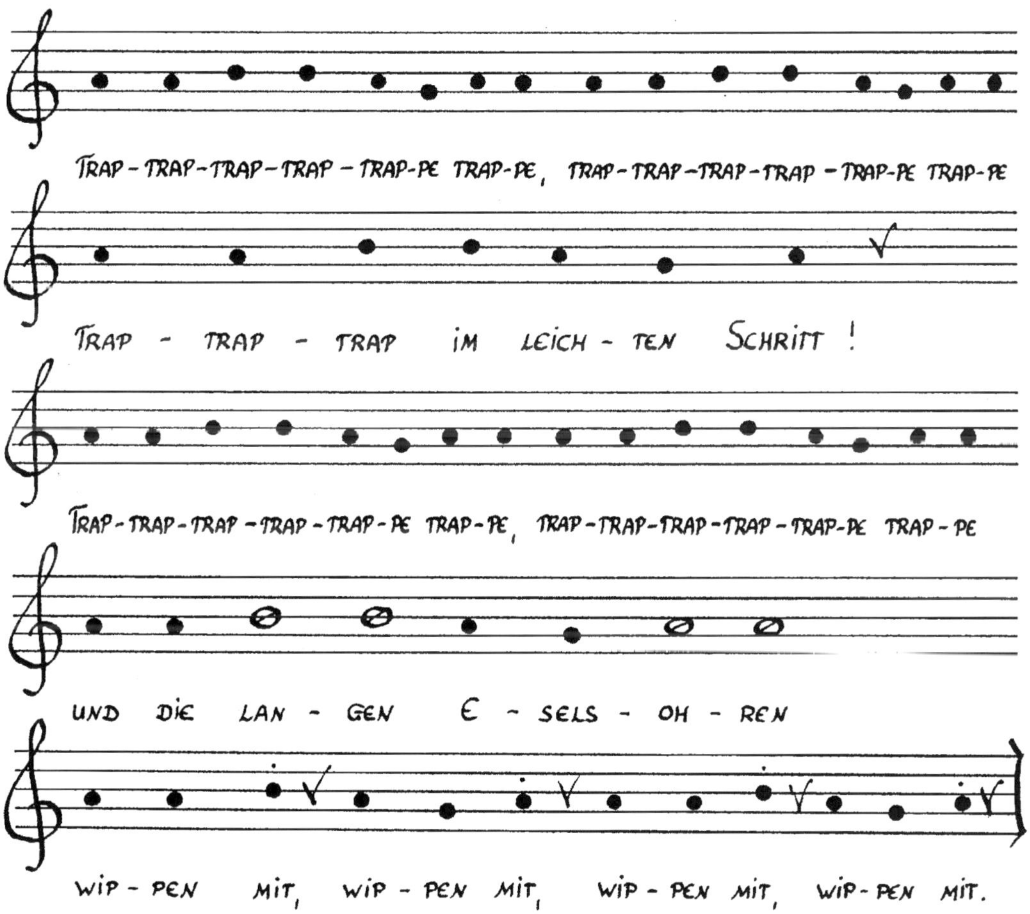

und die langen Eselsohren
wippen mit, wippen mit,
wippen mit, wippen mit.
Das Eselein steht da –
es ruft: «I-A – I-A – I-AAA!»
Jetzt geht es den Berg hinauf:

Langsam – langsam – Schritt für Schritt,
Schritt – Schritt – Schritt – Schritt,
Schritt – Schritt – Schritt für Schritt.
Langsam – langsam – Schritt für Schritt,
Schritt – Schritt – Schritt – Schritt,
Schritt – Schritt – Schritt für Schritt,
und die Ohren wippen mit – wippen mit,
und die Ohren wippen mit – wippen mit.

Steil – steil – steil – steil –
steil geht es den Berg hinan.
Endlich kommt es oben an!
Bleibt stehn und ruft: «I-A! – I-A!»,
schnauft: Pahhhh! – Pahhhh! – Pahhhhffff! –
Pahhhh! – Pahhhhffff! – Pahhhhffff! –

So – jetzt soll es weitergeh'n.
Das Eselein bleibt steh'n.
Ganz störrisch steht es da
und ruft: «I I-A! – I I I-A!»
Stellt die Ohren quer:

Nein-nein, es will nicht mehr,
nein – nein – nein!
Ruft: «I I-A! – I I I-A!» so helle,
rührt sich nicht mehr von der Stelle.
Ganz störrisch steht es da!
Mein Eselein will nichts mehr tun,
mein Eselein will ruh'n!
Es legt sich in das Gras zum Ruh'n,
legt sich ins Gras zum Ruh'n.

Ruhe-Quinte

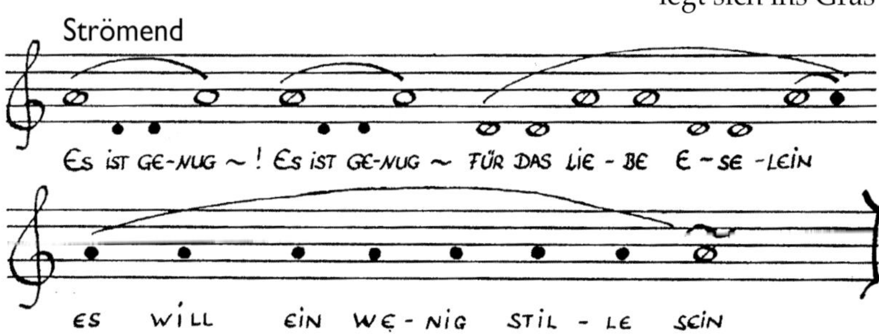

Kommt ein lauer Wind:
Phhhh! – Phhhh!
Streichelt leise – leicht und lind:
Phhhh! – Phhhh!
übers Fell vom Eselskind:
Phhhh! – Phhhh!
Streichelt leise – leicht und fein:
Phhhh! – Phhhh!
übers Fell vom Eselein:
Phhhh! – Phhhh! – Phhhhhhhh! –

Der Esel hat sich ausgeruht!
Reckt sich – streckt sich –
rollt sich einmal um sich –
erhebt sich – und stellt sich –
wieder auf die Beine.
Ausgeruht! – Ausgeruht!,
steht der kleine Esel da
und ruft so hell:
«I-A! – I-A! – I-AAA!»

Text	Bewegung
1 Das Eselein, «I-A! – I-A! – I-AAA!»,	1 Die Erzieherin steht aufrecht mit leicht gesenktem Kopf. Ihre Hände sind mit der Handinnenfläche zum Betrachter gerichtet, die Finger sind geschlossen (auch der Daumen ist eng an die anderen Finger angelegt) und bis in die Spitzen gestreckt. In dieser Haltung werden die Hände mit den Daumenballen als Eselsohren an die Stirnhöcker gelegt. Bei «I-A! – I-A! – I-AAA!» streckt sich der «Esel» jeweils beim «I» aus der Körpermitte nach oben und geht bei «A» wieder in die Ausgangsstellung zurück. Der Eselsruf darf von der Erzieherin nicht naturalistisch nachgeahmt werden; es soll ein musikalisches Ereignis sein, indem das «I-A» als Quintruf abwärts ausgeführt wird.
2 scharrt mit einem Bein: – – • •	2 Die Hände weiterhin als Ohren angelegt lassen und dann jeweils bei ⩧ mit dem rechten Fußballen von vorn nach hinten über den Boden scharren. Nach dem dritten Mal beide Füße nacheinander noch einmal fest auf den Boden aufstellen und gleichzeitig die «Ohren» wegnehmen.
3 schörre – schörre – schörre – schörr –	3 Die Hände zu lockeren Fäusten machen und als «Hufe» auf Brusthöhe nah am Körper vor sich halten. Dann weitere vier Mal im angegebenen Rhythmus scharren.
4 und läuft daher im leichten Schritt – r l r l r l r l	4 Das Wörtchen «und» gedehnt sprechen, es ist der Auftakt zum Laufen. Dabei den rechten Fuß aus dem Knie deutlich anheben und dann mit leichten Schritten im Uhrzeigersinn in den Raum laufen. Wichtig ist, dass die Schritte leicht und nicht zu schnell sind. Die Erzieherin sollte auch beim Laufen die charakteristische Kopfhaltung des Esels und die Hufehaltung der Hände beibe-

halten. Nach einigen stumm ausgeführten leichten Schritten beginnt die Erzieherin zur Bewegung zu singen (Noten siehe Seite 99).

5 und die langen Eselohren

5 Immer noch singend, kommt die Erzieherin bei dem Liedtext «und die langen» zum Stehen, löst bei «langen» bereits die Hufegeste auf, um die Hände bei «Eselsohren» wieder als Ohren an die Stirnhöcker anzulegen.

6 wippen mit, wippen mit,
↓ ↑ ↓ ↑
wippen mit, wippen mit.
↓ ↑ ↓ ↑

6 Zeitgleich mit dem gesungenen «i» in «wippen» werden mit leichtem Neigen des Kopfes die «Ohren» von den Fingerspitzen her etwas nach vorn heruntergeklappt und beim «i» in dem Wörtchen «mit» wieder in die Ausgangsstellung zurückgebracht; der Kopf richtet sich dabei wieder auf. Insgesamt viermal. Nach dem letzten Ton einen Moment still innehalten.

7 Das Eselein steht da –
es ruft: «I-A – I-A – I-AAA!»

7 Die Erzieherin steht eine Weile mit aufrecht gehaltenen «Ohren» in der charakteristischen «Eselhaltung» da. Das «I-A» wieder als Quintruf gestalten und, wie oben bei 1 beschrieben, die Körpermitte strecken und senken.

8 Jetzt geht es den Berg hinauf:

8 Die Erzieherin nimmt beim Sprechen die «Ohren» herunter und legt die Hände wieder als Hufe an die Brust.

9 Langsam – langsam – Schritt für Schritt,
r l r l
Schritt – Schritt – Schritt – Schritt,
r l r l
Schritt – Schritt – Schritt für Schritt,
r l r l

9 Mit behäbigen Stapfschritten, die in den Knien leicht nachfedern und keinesfalls stampfen, im angegebenen Rhythmus «den Berg hinauf» gehen. Der «Esel» hat dabei seinen Kopf leicht gesenkt. Text wiederholen.

10 und die Ohren wippen mit – wippen mit.
↓ ↑ ↓ ↑
und die Ohren wippen mit – wippen mit.
↓ ↑ ↓ ↑ ↓ ↑

10 Weiterstapfen, aber bei «und die» die Hände wieder als Ohren an die Stirn anlegen und im Weitergehen die «Ohren» im Rhythmus mitwippen lassen.

11 Steil – steil – steil – steil –
r l r l
steil geht es den Berg hinan.
r l r l
stumm
– – – –
r l r l

11 Die Hände wieder als «Hufe» an die Brust nehmen. Das «Eselein» wird müde und stapft noch ein wenig langsamer als vorher. Trotzdem darauf achten, dass das Stapfen in einem für die Kinder noch nachvollziehbaren Tempo bleibt, also nicht zu langsam! Das Nachfedern in den Knien kann sich dafür etwas verstärken. Die Schritte behalten ihre Größe bei.

12 Endlich kommt es oben an!

12 Bei «endlich» und «oben» noch zwei letzte, betont langsame Schritte machen. Dann bleibt der «Esel» mit hängendem Kopf stehen.

13 Bleibt stehn und ruft: «I-A! – I-A!»,

13 Die «Ohren» anlegen und im Quintabstand das «I-A» rufen.

14 schnauft:*
Pahhhh! – Pahhhh!
*Pahhhhffff! –
*Pahhhh! – Pahhhh! – *Pahhhhffff! –

14 Jeweils bei * tief einatmen und mit dem «P» den Atem stimmlos herausstoßen; dabei formt der Mund ein «a»; den Kopf dabei gesenkt halten. Bei «Pahhhhffff» für das «ffff» die Lippen ganz locker im Luftstrom flattern lassen. Das «Schnaufen» kann wiederholt werden.

15 So – jetzt soll es weitergeh'n.

15 Bei dem Wörtchen «so» die Hände wieder als «Hufe» anlegen, und bei «weitergehen» nickt die Erzieherin den Kindern einmal bestätigend zu.

16 Das Eselein bleibt steh'n.

16 Der «Esel» bleibt mit gesenktem Kopf und angelegten «Hufen» bewegungslos stehen!

17 Ganz störrisch steht es da
VV VV

17 Die Erzieherin zieht ihren Kopf etwas ein, so als ob sie mit der Stirn stoßen wolle. Bei den Worten «störrisch» und «da» federt sie zweimal kurz in den Knien abwärts; der «Esel» bockt!

18 und ruft: «I I-A! – I I I-A!»

18 Für das «I-A» die «Ohren» anlegen und in der abwärtsgehenden Quinte rufen.

19 Stellt die Ohren quer:

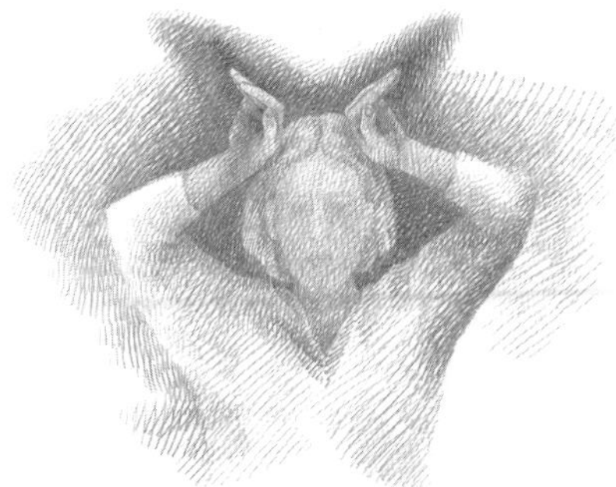

19 Die gestreckten Finger rechtwinklig zur Handinnenfläche herunterklappen und die Hände so drehen, dass die Fingerspitzen nach rechts und links außen zeigen (siehe Abbildung links).

20 Nein-nein, es will nicht mehr,
← → ← →
nein – nein – nein!
← → ←

20 Mit den querstehenden Ohren den Kopf verneinend nach links und rechts drehen, so wie es mit den Pfeilen markiert ist. Beim letzten «nein» den Kopf wieder leicht gesenkt halten.

21 Ruft: «I I-A! – I I I-A!» so helle,

21 Immer noch mit querstehenden Ohren das «I-A» rufen, jetzt das «I I I» betonen und die Quinte von einem helleren Ton aus beginnen.

22 rührt sich nicht mehr von der Stelle.
Ganz störrisch steht es da!

22 Die Hände wieder als «Hufe» anlegen. Jetzt macht sich der «Esel» ganz steif.

23 Mein Eselein will nichts mehr tun,
← →

23 Die steife Haltung entspannen, im ganzen Körper weich nachlassen, die «Hufe» bleiben angelegt. Bei «nichts» und «tun» den hängenden Kopf ruhig nach links und rechts drehen.

24 mein Eselein will ruh'n! –

24 Bei «Eselein» den Kopf müde heben und langsam absenken. In dieser müden Haltung ein Weilchen stehen. Danach die «Hufe-Geste» auflösen.

Ausruhen:

I Mein Eselein will nichts mehr tun,
mein Eselein will ruh'n.

I Gesten und Körperhaltung siehe bei 22 und 23. Die Wiederholung dieses Satzes kann auch wegfallen.

II Es legt sich in das Gras zum Ruh'n,

II Die Erzieherin knickt rasch nacheinander ihre Knie ein und führt die Bewegung langsam weiter, bis sie am Boden kniet.

III legt sich ins Gras zum Ruh'n.

III Vom Knien aus begibt sich die Erzieherin vollends hinunter auf den Boden in die Seitenlage, ihre Arme und Beine hat sie leicht angewinkelt. Nachdem sie eine Weile still gelegen hat und auch alle Kinder zur Ruhe gekommen sind, beginnt sie die Ruhe-Quinte ruhig strömend mit zarter Stimme zu singen. Die Wiederholung wird gesummt.

Ruhe-Quinte

Strömend

IV Kommt ein lauer Wind:
Phhhh! – Phhhh!

IV Die Erzieherin setzt sich aus der Seitenlage langsam auf, so leise wie nur möglich. Sie spricht fast singend «Kommt ein lauer Wind», und für das «Phhhh!» lässt sie den Atem stimmlos entströmen.

V Streichelt leise – leicht und lind:
Phhhh! – Phhhh!
übers Fell vom Eselskind:
Phhhh! – Phhhh!

V Mit dem Wort «streichelt» beginnt die Erzieherin das ihr am nächsten liegende Kind behutsam über die Seite oder über den Rücken zu streicheln. Dann erhebt sie sich vorsichtig, geht von Kind zu Kind,

Streichelt leise – leicht und fein:
Phhhh! – Phhhh!
übers Fell vom Eselein:
Phhhh! – Phhhh! – Phhhhhhhh! –

bis jedes «Eselein» gestreichelt worden ist. Den Text und das «Phhhh» gegebenenfalls so oft wiederholen, wie es die Zahl der Kinder erfordert. Nachdem das letzte «Eselein» gestreichelt wurde, legt sich die Erzieherin wieder leise auf den Boden und hält noch einen Moment inne, bevor es weitergeht.

VI Der Esel hat sich ausgeruht!

VI Den Satz «Der Esel hat sich ausgeruht» spricht die Erzieherin noch am Boden liegend mit leiser Stimme.

VII Reckt sich – streckt sich –

VII Aus der Seitenlage bei «reckt sich» Arme und Beine gleichzeitig rechtwinklig nach vorn vom Körper wegstrecken, die Hände sind dabei zu lockeren Fäusten geformt. Die Gliedmaßen wieder lockern und anwinkeln und bei «streckt sich» die Streckung wiederholen. Danach Arme und Beine eng an den Körper heranziehen.

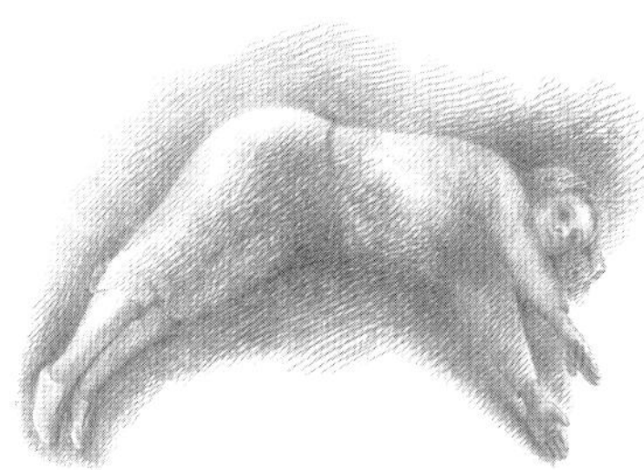

VIII rollt sich einmal um sich –

VIII Die Erzieherin rollt mit den eng angezogenen Gliedmaßen über den Rücken auf die andere Seite.

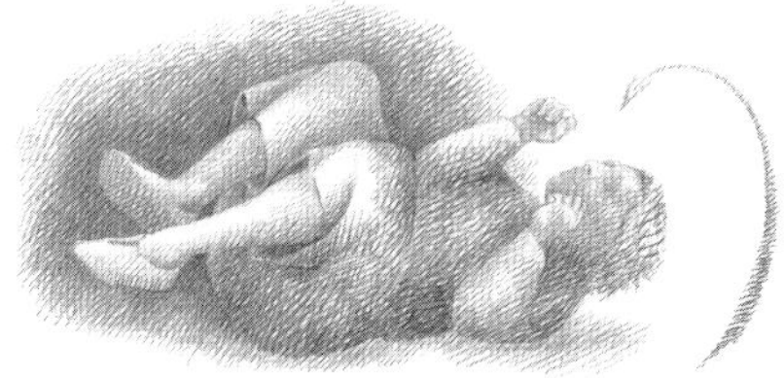

IX erhebt sich – und stellt sich –
wieder auf die Beine.

IX Bei «erhebt sich» kommt die Erzieherin aus der Seitenlage in den Vierfüßlerstand (siehe Abbildung). Bei «und stellt sich»

nimmt sie die Hände vom Boden weg und steht auf den Knien, bei «wieder auf die» steht sie auf, um schließlich bei «Beine» mit angelegten «Hufen» in der Ausgangshaltung (siehe oben bei 1) dazustehen.

X	Ausgeruht! – Ausgeruht!	X	Die Erzieherin ruft mit heller, freudiger Stimme das «Ausgeruht» und nickt jeweils einmal mit dem Kopf.
XI	Steht der kleine Esel da	XI	Die Erzieherin nimmt ihre Hände als «Eselsohren» an die Stirnhöcker.
XII	und ruft so hell: «I-A! – I-A! – I-AAA!»	XII	Das «I-A» wieder als Quint-Ruf ausführen, wie oben bei 1.

Das Spiel kann ab hier, je nach Situation, noch einmal ganz wiederholt werden.

Quakulein und Brummelbein

Rhythmisch-musikalisches Handgestenspiel

Es sitzt auf seinem Stein
das Fröschlein Quakulein.
Quaaa – quaaa – quaaak.

Bsss-bsss-bssssss!
Kommt die Fliege Brummelbein.
Bssssss-bssssss-bssssss!
Fliegt herum um Quakulein.
Bssssss-bssssss-bssssss-bssssss!

Quakulein macht: Schnapp und happ!
Gut geschmeckt – gut geschmeckt!
Mäulchen, das wird abgeleckt.
Quaaa – quaaa – quaaak!

Bsss-bsss-bssssss!
Kommt noch eine Brummelbein.
Bssssss-bssssss-bssssss!
Fliegt herum um Quakulein.
Bssssss-bssssss-bssssss-bssssss!

Quakulein macht: Schnapp und happ!
Gut geschmeckt – gut geschmeckt!
Mäulchen, das wird abgeleckt.

Quaaa – quaaa – quaaak!
Bsss-bsss-bssssss!
Kommt noch eine Brummelbein.
Bsss-bsss-bssssss!
Fliegt herum um Quakulein.
Bssssss-bssssss-bssssss-bssssss!

Quakulein macht: Schnapp –
Ha-haaaaa! Nicht geschnappt!
Ha-haaaa! Nicht geschnappt.
Bssssss-bssssss!
Brummelbein fliegt fort –
an einen andern Ort:
Bssssss-bssssss-bsst!

Und das Fröschlein Quakulein
bleibt allein auf seinem Stein,
quaaa – quaaa – quaaak!
Und springt – platsch! –
in den Teich hinein.

Text

1 Es sitzt auf seinem Stein
das Fröschlein Quakulein.

Handgesten

1 Die Erzieherin sitzt auf einem Hocker oder Stuhl, ihre geschlossenen Beine sind die Spielfläche. Die rechte Hand ist für die Dauer des Spiels der Frosch, die linke Hand ist immer die Fliege. Bei dem Satz «Es sitzt auf seinem Stein» schaut die Erzieherin die Kinder fröhlich an. Bei dem Wort «Fröschlein» wird die rechte Hand mit gestreckten, geschlossenen Fingern so auf den rechten

Oberschenkel gelegt (in Knienähe), dass nur das Handgelenk, der Daumenballen, der Daumen und die Fingerspitzen das Bein berühren. Der Daumen ist in der Handhöhlung verborgen, die dadurch entsteht, dass alle Finger über dem Daumen liegen. Die Fingerspitzen sind zum Betrachter hin ausgerichtet.

2 Quaaa – quaaa – quaaak.

2 Das Froschmaul (die vier gestreckten Finger) wird drei Mal, so weit es die Beweglichkeit der Fingergelenke zulässt, geöffnet. Außer den Fingern liegt die Hand reglos auf dem Bein.

3 Bsss-bsss-bsssssss! –
Kommt die Fliege Brummelbein.

3 Die linke Hand zur lockeren Faust machen und den Zeigefinger daraus hervorstrecken. Die Fingerkuppe soll die Fliege sein. Bei «Bsss-bsss....» beginnt die «Fliege» ihren Flug etwa auf Höhe der linken Schulter und fliegt, begleitet von dem Summgeräusch, in unterschiedlich großen Bögen vor dem Körper herum. Das «bssss» mit stimmhaftem «s» auf einem Ton fast singen.

4 Bsss-bsss-bsssssss! –
Fliegt herum um Quakulein.
Bssssss-bssssss-bssssss-bssssss!

4 Die «Fliege» nähert sich nun dem «Frosch» an, der bislang reglos auf seinem «Stein» saß, und umrundet ihn schließlich mehrmals.

5 Quakulein macht: Schnapp und happ!

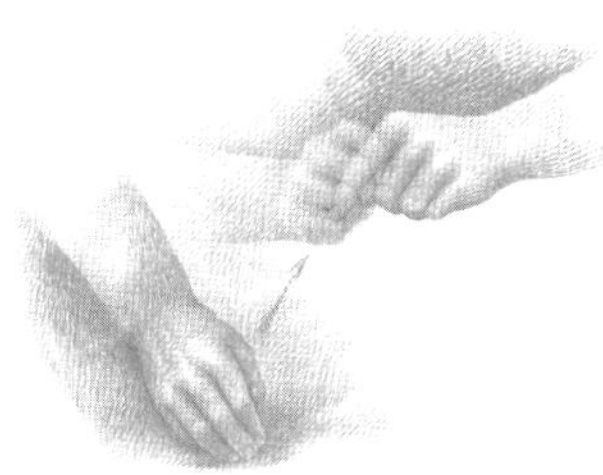

5 Plötzlich, bei dem Wort «schnapp», wird der «Frosch» aktiv: Er schnappt mit einem Sprung die Fliege, die bereits bei dem Wort «happ» am rechten Unterarm hinunterrutscht bis zum Ellenbogen; der «Frosch» hat sie schon geschluckt. Sofort danach sitzt der «Frosch» wieder auf seinem «Stein». Die linke Hand verschwindet unauffällig und hängt auf der linken Körperseite locker herunter.

6 Gut geschmeckt – gut geschmeckt,
→ ←
Mäulchen, das wird abgeleckt.
→ ←

6 Der «Frosch» sitzt so auf seinem «Stein», dass nur das stark abgewinkelte Handgelenk auf dem Bein aufliegt; die Betrachter müssen möglichst gut das «Froschmaul» von unten sehen können. Beim ersten «gut geschmeckt» streicht der Daumen langsam an der Innenseite der Hand vom Zeigefinger bis nach hinten zum kleinen Finger, dann während des zweiten «gut geschmeckt» den gleichen Weg zurück. Bewegungswiederholung bei «Mäulchen, das wird abgeleckt».

7 Quaaa-quaaa-quaaak!

7 Der «Frosch» sitzt wie am Anfang auf seinem Stein und ruft «quaak» (siehe oben bei 2).

8 Bsss-bsss-bsssssss! –
Kommt noch eine Brummelbein.
Bsss-bsss-bsssssss! –
Fliegt herum um Quakulein.
Bssssss-bssssss-bssssss-bssssss!
Quakulein macht: Schnapp und happ!
Gut geschmeckt – gut geschmeckt,
Mäulchen, das wird abgeleckt.
Quaaa-quaaa-quaaak!

8 Den ganzen Ablauf von 3 bis 7 wiederholen.

9 Bsss-bsss-bsssssss! –
Kommt noch eine Brummelbein.
Bsss-bsss-bsssssss! –
Fliegt herum um Quakulein.
Bssssss-bssssss-bssssss-bssssss!

9 Punkt 3 und 4 noch einmal wiederholen.

10 Quakulein macht: Schnapp –
Ha-haaa! Nicht geschnappt!
Ha-haaa! Nicht geschnappt!
Bssssssss-bsssssssss!
Brummelbein fliegt fort –
an einen andern Ort:
Bssssss-bssssss-bsst!

10 Dieses Mal entwischt die «Fliege» dem «Frosch». Nach dem Sprung von «Quakulein» sitzt der «Frosch» sofort wieder in der Ausgangsstellung auf seinem «Stein», und die Fliege zieht weiter ihre Kreise. Mit dem leiser werdenden «Bssssss» verschwindet sie hinter dem Rücken.

11 Und das Fröschlein Quakulein
bleibt allein auf seinem Stein,
quaaa-quaaa-quaaak!

11 Wie oben bei 2 beschrieben.

12 Und springt – platsch! – in den Teich
hinein.

12 Nach dem letzten «quaaak» mit der rechten Hand eine Faust bilden, die mit den Fingern auf dem Bein aufliegt. Bei «springt» die rechte Hand hochschnellen lassen, indem man alle Finger so stark wie möglich spreizt. Bei dem Wort «platsch» mit beiden Händen flach auf die Oberschenkel patschen; der Frosch ist verschwunden. Die Hände nach dem Aufklatschen sofort seitlich locker herunterhängen lassen. Die Kinder heiter anschauen.

In der Früh' – Aufwachen!

Rythmisch-musikalisches Handgestenspiel

In der Früh', in der Früh'
ruft der Hahn: «Kikerikiii!»
«Kikeriki! Wacht auf! Wacht auf!
Die Sonn' am Himmel kommt herauf!»

Zuerst erwacht: «Piep-piiiep! – Piep-piiiep!»
das Vöglein lieb. «Piep-piiiep!»

Dann: «Wau-wau-wau!»
das Hündchen Schlau.
«Wau-wau! – Wau-wau! – Wau-wau!»

Es schreit: «I-A!» der Esel grau.
«I-A! – I-A! – I-A!»

Es rufen: «Muuuh-muuuh!»
der Ochse und die Kuh. «Muuuh! – Muuuh!»

Und: «Meck-meck-meck!» das Böcklein keck.
«Meck-meck! – Meck-meck! – Meck-meck!»

Im hellen, warmen Sonnenschein
öffnen sich stumm die Blümelein.

Zuletzt ist auch mein Kind erwacht –
ei – ja – jaaaa!
und lacht – und lacht – und lacht.

Hinweis:
Das Globalschema «auf und zu» ist in diesem Spiel fantasievoll gestaltet und wird in vielfacher Form durch die jeweilige Urgebärde für das Kind erfahrbar.

Text	Handgesten
1 In der Früh', in der Früh'	1 Die Erzieherin wendet sich freudig an die Kinder. Die Sprachmelodie lebhaft gestalten, keine Rufterz. Jeweils auf das Wort «Früh'» mit dem Kopf nicken.
2 ruft der Hahn: «Kikerikiii!» < < «Kikeriki! Wacht auf! Wacht auf! < < < <	2 Die rechte Hand ist der Hahn: Der gestreckte Zeigefinger liegt auf dem gestreckten Daumen, beide Finger bilden den Schnabel. Die anderen Finger sind so stark wie möglich gestreckt und gespreizt und stehen als Hahnenkamm senkrecht nach oben. Der «Hahn» ruft melodisch gestaltet das «Kikerikiii». Dazu öffnet sich sein Schnabel jeweils bei «<».

3 Die Sonn' am Himmel kommt herauf!»

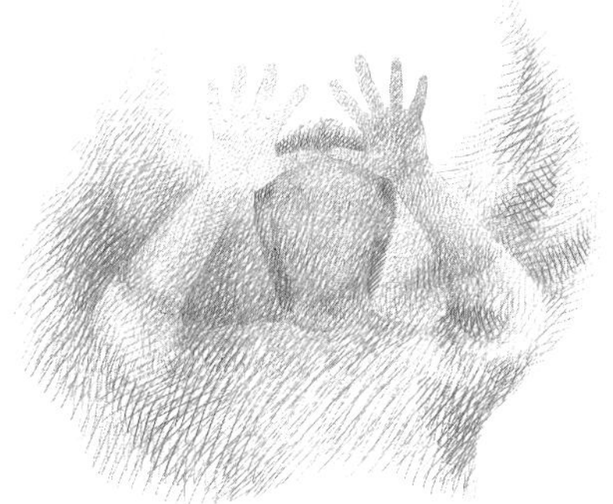

3 Die lockeren Fäuste etwa auf Brusthöhe dicht aneinanderhalten, die eingerollten Finger zeigen nach vorn zum Betrachter. Beide Arme gleichzeitig langsam nach oben führen und dabei ebenfalls langsam die Fäuste entrollen, bis die Finger gespreizt sind. Auf Stirnhöhe anhalten und die «Sonne» strahlen lassen.

4 Zuerst erwacht: «Piep-piiiep! –
< <
Piep-piiiep!»
< <
das Vöglein lieb. «Piep-piiiep!»
< < < <

4 Jetzt ist die rechte Hand das Vögelein. Daumen und Zeigefinger liegen wie beim «Hahn» gestreckt aufeinander, hier aber sind die anderen Finger locker eingerollt. Jeweils bei «<» den «Schnabel» wenig öffnen, bei «<» den «Schnabel» weit öffnen und mit zarter Stimme das «piep» rufen. Das zweite «piiiep» etwas länger halten.

5 Dann: «Wau-wau-wau!»
∠ ∠ ∠
das Hündchen Schlau.
∠ ∠
«Wau-wau! – Wau-wau! – Wau-wau!»
∠ ∠ ∠ ∠ ∠ ∠

5 Alle Finger der rechten Hand sind gestreckt. Der Daumen liegt mit der Innenseite am Mittelfinger. Die Fingerspitzen sind zum Betrachter gerichtet. Das «Hündchen» bellt fröhlich, für die Erzieherin bedeutet es, dass sie kein naturalistischen Bellen nachahmt, sondern mit verschiedenen Intervallen einen musikalischen Vorgang daraus macht. Bei «∠» ist das «Hundemaul» nur leicht geöffnet, und bei «∠» ist es weit offen, entsprechend ist die Stimme leiser und lauter.

6 Es schreit: «I-A!» der Esel grau.
«I-A! – I-A! – I-A!

6 Die Hände der Erzieherin sind mit der Handinnenfläche zum Betrachter gerichtet, die Finger sind geschlossen (auch der Daumen ist eng an die anderen Finger angelegt), und alle sind bis in die Spitzen gestreckt. In dieser Haltung werden die Hände mit den Daumenballen als Eselsohren an die Stirnhöcker gelegt. Bei «i» streckt sich der «Esel» jeweils aus der Körpermitte ein wenig nach oben und geht bei «A» wieder in die Ausgangsstellung zurück. Der Eselsruf darf von der Erzieherin nicht naturalistisch nachgeahmt werden; es soll ein musikalisches Ereignis sein, indem das «I-A» als Quintruf abwärts ausgeführt wird. Bei dem Wort «Esel» senkt die Erzieherin ihren Kopf leicht herab. Das folgende «I-A! – I-A! – I-A!» wieder so ausführen wie oben beschrieben.

7 Es rufen: «Muuuh-muuuh!»
⊂ ⊂
der Ochse und die Kuh.
⊂ ⊂
«Muuuh! – Muuuh!»
⊂ ⊂

7 Beide Hände zu lockeren Fäusten ballen, die linke Faust mit dem Handrücken zum Boden gerichtet halten und die rechte Faust mit dem Handrücken nach oben auf die linke drauflegen. Diese Gebärde ist das Maul eines Rindes. Bei «muh!» bleiben die Handgelenke aufeinander liegen, beide Hände werden aber aus dem Handgelenk stark nach hinten gebogen, sodass sich die eingerollten Finger voneinander entfernen. Das Öffnen und Schließen geht langsam. Dazu ein sehr gedehntes, auf einem dunklen Ton gesungenes «muh!» ertönen lassen. (Der Zuschauer kann in das «Maul» hineinsehen.)

8 Und: «Meck-meck-meck!»
x
das Böcklein keck.
x
«Meck-meck!–Meck-meck!–Meck-meck!»
x x x

8 Bei dem Ruf «Meck-meck-meck» die Hände als «Hörner» an die Stirnhöcker legen. Dafür die Hände zu lockeren Fäusten machen (der Daumen liegt außen) und die Zeigefinger straff nach oben herausstrecken.

Der «Meck-Ruf» wird nicht naturalistisch nachgeahmt, sondern musikalisch gestaltet. Den Text dazu sehr rhythmisch sprechen und jeweils bei «x» leicht nicken. Für die letzten drei «Meck-meck-Rufe» wird zuerst nach links, dann nach rechts und zuletzt nach vorn zur Mitte genickt.

9 Im hellen, warmen Sonnenschein

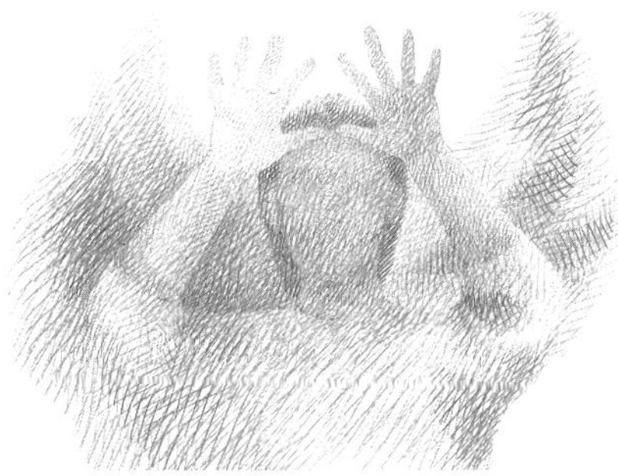

9 Beide Hände mit gestreckten, gespreizten Fingern etwa auf Stirnhöhe halten, sodass sich die Daumenspitzen berühren. Die Sonne eine Weile stumm scheinen lassen, dabei die «Sonne» ein wenig nach vorn herunterneigen.

10 öffnen sich stumm die Blümelein.

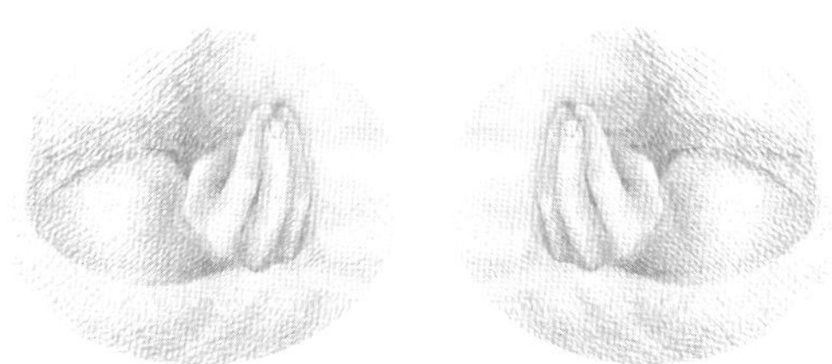

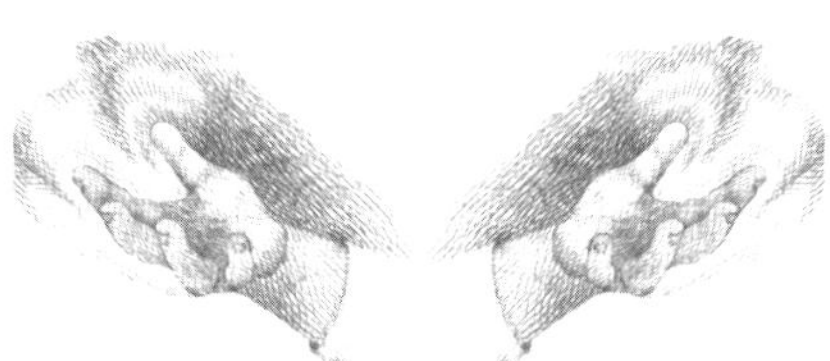

10 Jede Hand bildet eine Knospe; dazu alle Fingerkuppen einer Hand eng aneinanderlegen (siehe Abbildung links). Zunächst, ohne zu sprechen, die Finger sehr langsam voneinander lösen – die Blüten öffnen sich –, dann den Text sehr gedehnt bis «stumm» dazu sprechen und schließlich die Blüten, wenn sie ganz offen sind, anschauen und mit einem Nicken noch hinzufügen: «die Blümelein».

11 Zuletzt ist auch mein Kind erwacht –

11 Die Erzieherin reibt sich die geschlossenen Augen. Bei dem Wort «erwacht» die Hände von den Augen wegnehmen und die Kinder heiter anschauen.

12 ei – ja – jaaa!
und lacht – und lacht – und lacht.
(aus) (ein) (aus)

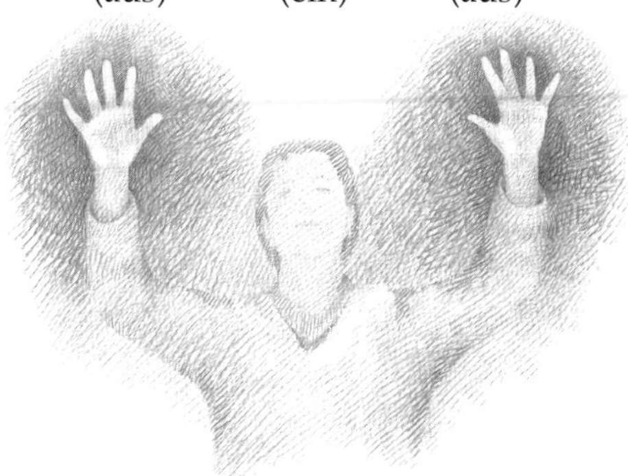

12 Bei «ei-ja-jaaa» streckt die Erzieherin ihren Oberkörper, führt Hände und Arme seitlich bis über Kopfhöhe herauf und dreht die Hände bei «und lacht …» lebhaft aus- und ein. Danach die Hände herunternehmen, auf die Oberschenkel legen und ein Weilchen in Ruhehaltung bleiben.

Wilma Ellersiek, ein Leben für den Rhythmus

In einem kleinen Ort in Schleswig-Holstein, direkt an der Ostseeküste, erblickte Wilma Ellersiek am 15. Juni 1921 das Licht der Welt. Mit dem Rhythmus der Wellen, dem Rauschen des Windes mit Hunden, Katzen, Hühnern, Enten und einem Pferd als Spielkameraden erlebte sie eine naturverbundene Kindheit. Ihre Freunde waren, wie sie selbst sagt, die Blumen, die Bäume, der Sand und die Sterne. Aber besonders das Phänomen des Rhythmus, das am Meer in vielschichtiger Weise erlebbar ist, wird Wilma Ellersiek ihr ganzes Leben lang begleiten. Rückblickend empfindet sie ihre Kindheit als ein fast himmlisches Leben im Rhythmus der Natur. Im Elternhaus bekommt sie Anregungen im musikalisch-künstlerischen und sprachlich-literarischen Bereich. Einerseits die Natur, andererseits die Kultur – eine ideale, wundervolle und aufbauende Atmosphäre zur Menschwerdung.

Im Jahr 1927 zieht die Familie Ellersiek nach Westfalen. Wiederum hat die kleine Wilma das Glück, neben einem Bauernhof zu wohnen, die geliebten Tiere bleiben also weiterhin ihre Kameraden. Neu ist für sie der Eindruck der im Wind wogenden Kornfelder, eine andere Art von rhythmischer Wellenbewegung. Jetzt kommen auch erste Kinderbegegnungen im Kindergarten und bald schon in der Schule hinzu. Die gemeinsame Zeit ist erfüllt vom Singen, Tanzen und Deklamieren, ja, die ganze Kinder- und Jugendzeit empfindet sie in der Rückschau als eine von Musik und Rhythmus durchdrungene Zeit – eine gute Basis für ihren späteren Werdegang.

Wilma Ellersiek beendet die Schule mit dem Abitur und beginnt im Jahr 1941 in Leipzig zu studieren. Sie belegt zunächst die Fächer Schulmusik, Germanistik und Kunstgeschichte. Durch eine schwere Erkrankung muss sie das Studium unterbrechen, hinzu kommen Kriegswirren, die im Jahr 1945 die Familie dazu zwingen, aus dem Osten zu fliehen. In Essen nimmt Wilma Ellersiek ihr Studium an der Folkwangschule wieder auf, allerdings wechselt sie den Studiengang. Das neue Fach ist die rhythmisch-musikalische Erziehung. Dieses Studium setzt sie in Stuttgart an der Staatlichen Hochschule für Musik und Darstellende Kunst fort. Dort bekommt sie Unterricht bei Elfriede Feudel, der Meisterschülerin des Begründers der Rhythmik, Emile Jacques-Dalcroze. Wilma Ellersiek belegt in Stuttgart außer der Rhythmik auch den Studiengang Sprecherziehung und schließt beide Fächer 1957 mit dem Staatsexamen ab. Die Rhythmik ist ihr jetzt zum Lebensinhalt geworden. Sie bleibt als Assistentin an der Stuttgarter Musikhochschule in den Abteilungen «Rhythmik», «Schauspiel» und «Gesprochenes Wort». Nach der Assistenzzeit wird ihr eine Dozentenstelle angeboten, später wird sie Professorin. Neben ihrer Arbeit an der Hochschule führt sie Regie an Opern- und Schaupielhäusern, unter anderem in Stuttgart, Wien und London.

Wieder ist es eine schwere Erkrankung, die einen entscheidenden beruflichen Umbruch einleitet, und wieder ist es der Rhythmus, der sie fasziniert. Wilma Ellersiek wendet sich nun der Erforschung des Rhythmus in seiner Wirkung in der Bewegung, in der Sprache und in der Musik speziell beim kleinen Kind zu. Ihre Arbeit an diesem Thema erregt Aufsehen, 1968 erhält sie vom Land Baden-Württemberg einen einschlägigen Forschungsauftrag. Aus diesem Impuls heraus entstehen die ersten «Gestenspiele» für das Kind im Vorschulalter. Aus diesen kleinen Gestenspielen entwickelt sie Schritt für Schritt, mit beneidenswerter Intuition, aber auch enormer Akribie und Sorgfalt große, zusammenhängende Spieleinheiten in gereimter Sprache, durchwoben vom Rhythmus und der Musik. Sie nennt ihre Kurse zunächst «Elternschule», denn ihre Idee ist es, die Kinder zusammen mit den Müttern oder den Vätern zu unterrichten. Die Stuttgarter Musikhochschule richtet innerhalb des Faches Rhythmik für Wilma Ellersiek in den späten Sechzigerjahren den Teilbereich «Rhythmik in der Vorschulzeit» ein. In diese Zeit fällt auch die Begegnung mit der «Urmutter» der Waldorfkindergärten, Klara Hattermann. Sie nimmt die neuen Spiele mit Interesse wahr und begleitet Wilma Ellersiek durch mancherlei Schwierigkeiten. Sie ermutigt sie immer wieder weiterzumachen, sie trägt die Spiele in Kursen in die Welt hinaus – wie auch einige von Wilma Ellersieks Stuttgarter Studentinnen. Nach 25 Jahren intensiver Lehrtätigkeit verlässt sie 1983 die Hochschule und geht in den Ruhestand. Der Lehrpflicht enthoben, wird Wilma Ellersiek besonders kreativ. Viele Spiele entstehen jetzt, darunter all die Liebkoschen und die vielen Wiegenlieder. In dieser Zeit bildet sich auch in Hannover um Klara Hattermann ein Interessenkreis, der sich intensiv um all die Spiele von Wilma Ellersiek bemüht und für die möglichst urhebergetreue Verbreitung sorgt.

Am 27. Oktober 2007 ging Wilma Ellersiek in den frühen Morgenstunden über die Schwelle des Todes. Trotz ihrer schwachen Konstitution hat sie ein langes und reiches Leben gelebt, immer wieder gegen schwere Krankheiten ankämpfend. Dennoch war ihr in der zweiten Hälfte ihres Lebens nichts wichtiger als das Wohl des kleinen Kindes. Die Zartheit des kindlichen Wesens und die Angriffe der materialistischen Welt auf die Kinderseelen haben sie veranlasst, all die schönen Spiele zu entwickeln. Sie sind eben nicht nur Spiele im eigentlichen Sinn, sondern Kunstwerke, durchpulst vom Rhythmus der Sprache und der Musik und der Liebe zum Kind. Sie sind der Natur abgelauscht – in phänomenologisch stimmiger Weise gelingt es Ellersiek, im künstlerisch gestalteten Rhythmus der Sprache und den entsprechend passenden Bewegungen den Wind, die Blumen, die Tiere, die Sonne, den Mond und die Sterne in Form kleiner musikalischer Geschichten dem Kind nahezubringen. Auf diese Weise schenkt sie den Kindern heute durch die in den Spielen schwingenden heilsamen, natürlichen Rhythmen etwas von ihrer eigenen naturverbundenen Kindheit.

Ingrid Weidenfeld

Spielformen

Das Bienchen: a, d; Das Eselein: b, c, d; Das Fischlein: a, d; Flatter – Flatter: a, d; Hasenspiel: Mucksmäuschenstill!: b, c; Hoppel-hopp!: b, c; Das Hündchen Schlau!: a, d; Das Igelspiel: a, d; In der Früh' – Aufwachen!: a; Die Katz: a, d; Der kleine Bär: a, d; Krabbe – krabbe – krabbe: a, d; Das Mäuselein tanzt Ringelreihn: a, d; Das Pferdchen: b, c, d; Quakulein und Brummelbein: a; Der Regenwurm: a, d; Die Schnecke: a, d; Das Spiel vom Vögelein: c; Tappel-tappel – wau-wau-wau!: a, d; Das Vögelein: a, b, c, d.

Weitere Spiele, die von Tieren handeln, sind bereits erschienen in den Jahreszeitenbüchern von Wilma Ellersiek:
Im Band *Handgestenspiele, Reigen und Lieder, Frühjahr/Sommer:*
Fliegen all die Vögelein: b, d; Hoppsa-husch: b, d; Der kleine Specht: b, d; Kuckuck: b, d; Oster-Freude: a, d; Vogelkonzert: a, d; Was der Regen alles kann: a, d.
Im Band *Handgestenspiele, Reigen und Lieder, Herbst/Winter* sind außerdem zu finden:
Der Eisbär: c, d; Die Mäuschen: c, d; Das Vögelein (im Schnee): b, c, d; Was machen die Tiere im Schnee?

a = Handgestenspiel
b = Handgesten- oder Raumbewegungsspiel mit Lied
c = Raumbewegungsspiel
d = Das Spiel eignet sich gut zur Kombination mit anderen Spielen
e = Vers ohne Gesten

Literatur

Frits H. Julius, *Das Tier zwischen Mensch und Kosmos.* Verlag Freies Geistesleben, Stuttgart [2]1981.

Alfred Nitschke, *Das verwaiste Kind der Natur.* Max Niemeyer Verlag, Tübingen [2]1968.

Adressen

Zu allen die Spiele betreffenden Fragen wenden Sie sich bitte an:

Verein insel – Institut für die Spiele von Wilma Ellersiek e.V.
Postfach 70 03 38
70573 Stuttgart
www.handgestenspiele.de

Kontaktadresse in der Schweiz für die Spiele von W. Ellersiek:

Jacqueline Walter
Flossländeweg 20
CH-4310 Rheinfelden
Tel. 00 41 (0)61 831 42 05
E-mail: jacqueline.walter6@bluewin.ch

Die Herausgeberin

Ingrid Weidenfeld. Geboren 1956 in Stuttgart. 1975 bis 1982 Rhythmik- und Violinstudium an der Hochschule für Musik und Darstellende Kunst Stuttgart. Innerhalb des Regelstudiums Rhythmik-Spezialausbildung bei Frau Prof. Wilma Ellersiek im Fach «Rhythmik für das Vorschulkind». Diplom-Abschluss in beiden Studiengängen.
1978 bis 1984 intensive Unterrichtstätigkeit mit dem Spielkomplexmodell von Wilma Ellersiek (Mutter-Kind-Rhythmik) an einer Familienbildungsstätte und Violinunterricht an einer Jugendmusikschule.
1984 bis 1997 Dozentin für die von Wilma Ellersiek entwickelte Vorschulrhythmik an der Hochschule für Musik und Darstellende Kunst Stuttgart. Daneben ständig Durchführung von Rhythmikkursen für Vorschulkinder und Eltern. Ab 1997 für vier Jahre Mitglied der freien Musikschule «balance – Forum für Musik» in Stuttgart als Lehrkraft für die musikalische Frühförderung (wiederum mit dem Ellersiek-Modell) und für Violine.
Begründerin des Vereins: insel – Institut für die Spiele von Wilma Ellersiek e.V. Die Aufgabe des Vereins ist die professionelle Weitergabe der Ellersiek-Spiele in Fort- und Ausbildungen.

Wilma Ellersiek

Wer schleicht heran mit leiser Tatz?

Handgesten- und Bewegungsspiele
mit Tiermotiven
DVD mit 17 Spielen, Laufzeit: 26:55 Minuten

Diese DVD ist die ideale Ergänzung zu dem vorliegenden Buch. Sie bietet für die Erwachsenen eine weitere Möglichkeit, sich die Bewegungsabläufe, Texte, Lieder, Rhythmen und Gebärden der Spiele von Wilma Ellersiek anzueignen. Sämtliche Spiele des vorliegenden Bandes werden hier detailgenau filmisch dokumentiert – sowohl frontal als auch von der Seite.

Verlag Freies Geistesleben

Wilma Ellersiek

Die tanzende, spielende Hand

Rhythmisch-musikalische Hand- und Fingerspiele
Herausgegeben von Jacqueline Walter
und Ingrid Weidenfeld.
104 Seiten mit Zeichnungen von Friederike
Lögters und Fotos von Charlotte Fischer,
gebunden.

Du dummer Tropf, du dummer Tropf, so beschimpfen sich die beiden Zeigefinger als Brüder *Pitz und Potz*. Und dann sind da noch *Flap und Flop,* die beiden Daumen, die sich elegant zum Tanz einfinden.
Bei diesen fröhlichen Spielen für die tanzende, spielende Hand sind die zur Sprache passenden Bewegungen der Hände, Fäuste, Daumen und Zeigefinger besonders wichtig. Sie regen das Sprachzentrum im Gehirn des Kindes an und fördern somit die Sprachentwicklung. Die Spiele, deren Schwerpunkt in der reinen Bewegungsfreude liegt, machen die Urgebärden der Sprache als reines Klangerlebnis erfahrbar, sie werden deshalb von den Kindern besonders geliebt. Auch die Erwachsenen, die mit diesen Spielen von Wilma Ellersiek arbeiten, werden erleben, wie außer den Händen auch die Zunge und schließlich der ganze Mensch vom tanzenden Rhythmus belebt wird.

DVD mit 18 Spielen, Laufzeit: 18:03 Minuten

Wilma Ellersiek

Handgestenspiele, Reigen und Lieder

für Kindergarten und erstes Schulalter.
Frühjahr/Sommer
Herausgegeben von Ingrid Weidenfeld.
167 Seiten mit Zeichnungen von Friederike Lögters und Fotos von Charlotte Fischer, gebunden.

Jedes dieser Handgestenspiele ist ein kleines, Bewegung, Sprache und Musik vereinendes Kunstwerk, und nicht nur die Kinder kommen beim Erleben dieser Spiele ins Staunen, auch der Erwachsene, der sich lernend darum bemüht, kann ein neues Verhältnis zur Natur gewinnen.
Mit diesen Handgestenspielen zu den Jahreszeiten gibt uns Wilma Ellersiek einen reichen Schatz an heiteren Liedern und Spielen, die es dem kleinen Kind ermöglichen, sich intensiv mit den Phänomenen der Natur vertraut zu machen und sich mit ihr zu verbinden.

DVD mit 22 Spielen, Laufzeit: 41:30 Minuten

Wilma Ellersiek

Handgestenspiele, Reigen und Lieder

für Kindergarten und erstes Schulalter.
Herbst/Winter
Herausgegeben von Ingrid Weidenfeld.
184 Seiten mit Zeichnungen von Friederike Lögters und Fotos von Charlotte Fischer, gebunden.

Farbige Blätter, goldene Oktobersonne, Herbststürme und Nebel, nasskalte Tage, Laternenlicht, erster Schnee, zugefrorene Seen – diese Spiele sind für die Kinder Lichblicke in der dunklen Zeit des Jahres. Sie sind durchdrungen vom rhythmisch-musikalischen Geschehen, sie sind künstlerisch gestaltete Abbilder der Naturvorgänge.
Die Kinder werden in der Wahrnehmung sensibilisiert für das leise Rauschen des Windes, das heftige Stürmen, für dumpfe Nebel und den ersten Schnee. Zusammen mit dem Band über die Spiele für Frühjahr und Sommer steht ein bunter Jahresreigen zur Verfügung, ein Schatz von hohem pädagogisch-therapeutischem Wert.

Verlag Freies Geistesleben

Wilma Ellersiek

Handgestenspiele für die Krippe

Herausgegeben von Ingrid Weidenfeld.
152 Seiten mit Zeichnungen von Friederike Lögters und Fotos von Charlotte Fischer, gebunden.

Dieses Buch bietet eine Zusammenstellung bewährter Handgestenspiele von Wilma Ellersiek für Kinder vom ersten bis zum dritten Lebensjahr. Die Spiele, ursprünglich für Kinder ab drei entwickelt, sind hier gekonnt für die Bedürfnisse der Kleinen angepasst und eingerichtet worden.
Über vierzig solcher Spiele und Lieder hat die Herausgeberin Ingrid Weidenfeld zusammengestellt und für den Einsatz in Kinderkrippen bearbeitet.

Wilma Ellersiek

Zwerge, Elfen und andere kleine Wesen

Handgestenspiele für kleine Kinder
Herausgegeben von Ingrid Weidenfeld.
144 Seiten mit Zeichnungen von Friederike Lögters und Fotos von Charlotte Fischer, gebunden.

Die hier vorgestellten Spiele aus dem Bereich der Elementarwesen sind für Erzieherinnen eine willkommene Ergänzung des schon vorhandenen Spieleschatzes von Wilma Ellersiek. In rhythmisch-musikalischen Bewegungsabläufen für Handgesten und Körpergebärden, verbunden mit poetischer Sprache oder Quintenstimmungsliedern, erleben die Kinder hier das Wesenhafte der Gestalten aus der Elementarwelt: Zwerge, Trolle, Elfen, Kobolde und viele mehr – ein intensives körperliches Erleben, das dem späteren seelischen Erleben und dem gedanklichen Verstehen vorausgeht. Begeistert tauchen die Kinder ein in das Reich der Elementarwesen und werden im Spiel selbst zu Gnom, Wichtel, Riese oder Nixe.

Verlag Freies Geistesleben

Wilma Ellersiek

Hirten- und Königsspiele für den Kindergarten

Herausgegeben von Ingrid Weidenfeld.
174 Seiten mit Zeichnungen von Friederike Lögters und Fotos von Charlotte Fischer, gebunden.

Die Handgesten- und Bewegungsspiele von Wilma Ellersiek bringen Kindern die Sinnhaftigkeit der Welt in Gesten und Sprache nahe. Das Buch enthält Spiele zur Advents- und Weihnachtszeit, die sich für Kindergarten und für die Familie gleichermaßen eignen. Es sind einfache Verwandlungsspiele für Kinder von 3 bis 6 Jahren, in denen eine besondere Rollenaufteilung noch nicht stattfindet. So sind im Verlauf des Spielgeschehens alle Kinder Hirten, Maria, Joseph, die Engel und die Tiere – ein gemeinsames in sich geschlossenes Miteinander-Tun!

Verlag Freies Geistesleben

Wilma Ellersiek

Berührungs- und Handgestenspiele

für Kinder zwischen 0 und 9 Jahren.
Herausgegeben von Irmela Möller,
Jürgen Möller und Ingrid Weidenfeld.
102 Seiten mit Zeichnungen von Friederike Lögters und
Fotos von Charlotte Fischer, gebunden.

Die Berührungsspiele, von Wilma Ellersiek auch als «Liebkoschen» bezeichnet, sind kleine Spiele, die der Erwachsene mit dem Kind spielt; dazu gehören gereimte Texte und zarte Berührungen.
Mit diesem Buch hat Wilma Ellersiek eine Sammlung neuer Berührungsspiele geschaffen.
Die «Liebkoschen» haben sich bereits vielfach bewährt. Eltern, Erzieher, Kinderärzte und Therapeuten berichten von der harmonisierenden bzw. heilenden Wirkung bei gesunden und kranken Kindern.

Verlag Freies Geistesleben